ちっちゃな自分、さようなら！

一生、自由に楽しむために
身につけるべき17の知恵

山﨑拓巳 著

Clover
クローバー出版

はじめに

人生について考えることがよくあります。

人生という物語を描いた本を読むように進んでいるのか？

人生という物語がボクたちを通り過ぎていくのか？


そこには数々の体験があり、そのたびに学びが生じ、次のシーンの景色が変わる。


この本は、数々の体験から学び得た「人生をより面白いものにするギフト」を綴《つづ》ったものです。

かつて発刊した書籍に「いま、だからこその学び」を加えて、今回、復刊させていただきました。

（体感ワークや、この世を四階建てのビルにたとえた話はすぐにも人生を変えてくれるのではとワクワクしています。）

人生のフェーズによって感じ方やヒラメキは違うもので、それをも楽しんでいただけたら幸いです。

読み進むうちに「同じような体験が私にもあった」「自分の過去を振り返っているようだ」と感じるかも知れません。

学びによって解放されたり、学ぶことで強くなったり。時にはそれらの経験が自分を弱くさせることもあります。

しかし、一つひとつが「人生の彩り」となり、「素晴らしい人生」へとカタチづけていくのです。

失敗しないようにと常に考えがちのボクたちですが、それでは「何もしない」ことを選択したり、「成功が約束されている小さな世界」を選択してしまいます。

小さなことを
大きく喜ぶ。
すると大きなことが簡単に起きますよ。

……と友人に教えていただきました。

「小さなことを大きく喜ぶ」。そんな自分を想像すると、まるで子供みたいな自分が想像できますね。「箸が転んでもおかしい」状態ですね。

すると「凄いことが簡単に起きる」ようです。

「小さなことを小さく喜び、大きなことを大きく喜ぶ」ようになるのが「大人になる」ということなのでしょうか!?

このロジックで言うと「小さなことを小さく喜び、大きなことを大きく喜ぶならば、大きなことを成し得るのに大きな努力が必要」となりますね。

正確にジャッジし、大人になっていくたびに魔法が使えなくなるのは、どうもこれが原因のようです。

小さなことが、実は大きなこと。

「丁寧」という言葉がありますが、これは「丁＝所作」から入っていく「寧＝マインドフルネス」だと、書道家の武田双雲さんに教えていただきました。

所作、仕草から没入していく心地よい世界を、古来からの日本人は楽しんでいた？

日本人は「真面目」なのではなく「丁寧」だった？

「丁寧に生きる」という言葉を耳にすると心が躍《おど》るのは、それが理由なのではないでしょうか？

この本を読みながら皆様が手に入れていく魔法は、「丁寧に生きる魔法」なのかも知れません。

あるとき、ボクはマッサージを受けていました。凝り固まった場所を施術師さんがグググッと押すわけですが、その場所に凝り固まる原因が、心のどこにあるのかなど探る遊びをやってみました。意外なものが心から出てきてびっくりしたことがあります。コリと共鳴する思い出をトランプゲームの神経衰弱的に探ってみると……。

ある場所は「中学生のときの自転車通学時の草のむせる匂《にお》い」だったり、「小学生のころの畳の擦れる嫌な感じ」だったり、「父の作業場の匂いと釘の錆びた嫌な匂い」だったりと、自分が過去に嫌悪を感じ、心をブロックした経験でした。

あのとき封じた感覚、経験、思い出とよく似たシーンと出合うたびに、何かが蓄積し「カラダのコリ」として存在しているのではないかと思いました。

こうやって様々な経験は知らず知らず心に影響を与え、蓄積し、癖となり、当たり前化していく。

当たり前だと思っていることすらわからないほど当たり前になっていく。

それらを客観的に見ることができ、認識することができたら人生は快適なものになっていくのかも知れません。

「三つ子の魂 百まで」

という言葉がありますが、三歳児の魂を知れば人生は簡単に変えられると言う人がいます。

読み進めながら、知らず知らず心が動き、より快適な人生へと移行していくような本になればいいなと願っています。

凄いことはアッサリ起きる。

山﨑拓巳

目次

最初の法則

人の喜ぶことをする

人間関係の達人がどの業界でも大きな結果を出している。
そうだからこそ思い悩むのも人間関係だったりする。
ポイントは、二つある。
「どんな自分」で「どんなその人」と、だ。
人は自分の中にいろんな自分を持っている。
優しい自分、激しい自分、強い自分、弱い自分、傲慢《ごうまん》な自分、謙虚《けんきょ》な自分。

どんな自分でその人と対面する？
その人の中のどんな面とおつき合いをしていく？

これは一生かけて学び続けるお題だと思っている。
人について学び、人について知るとき、道は開ける。
シンプルに考えると究極の答えが見つかりそうだ。
人は嫌なことをする人のことを嫌い、良いことをしてくれる人のことを好く。

Episode 1

自分は何者か

大学三年生を目前とした、春を待ちわびる二月のことだ。
二一歳になろうとする二ヶ月前にボクは自分の事業をスタートさせた。
自分で仕事を始められる喜びと、このビジネスの可能性に陶酔《とうすい》した。
出合うもの、耳に入る情報全てが刺激的で、ボクの中でキラキラ輝いた。
ボクの人生が大きく動き出したのは、仕事を始めるようになってからだ。
人間関係というものに臆病《おくびょう》になっていたボクは毎日、発見の連続だった。
そのころ、いろんな疑問が纏《まと》わりついて、悩んでいた。

うまくいかないのはボクのミスなのか、まわりの理解力がないのか？

ボクはある意味、仕事をすることで傷ついた心を癒《いや》すことができた。

「ボクのことなんか、誰もわかってくれない！」と下を向いてたボクは少し笑顔を取り戻しはじめていた。

「ああ、わかってきた、そういうことが大切なんだ」

「人の短所を指摘するより、長所を見つけてあげられることが大切なんだ」

「あの人があのとき、あの選択肢を選んだ意味がわかった！」


どんどん、どんどん、自分を組み替え、再構築していった。

足して再構築、引いて再構築。

いらないものは抜いて、外《はず》して……潔《いさぎよ》く学び、足して引いて……。

そうやって、切り替えて、今のボクになってきた。

それは今も続いている。

学ぶことが好きだ。

学ぶことで安全な未来が広がっていく。

学ぶことで癒される。


事業を始めたとき、仲間四〇人に声をかけて、興味を持ってくれたのは二人だけだった。その二人も、渋々の苦い顔。「しかたない」っていうモードで賛同してくれた。

そのとき、気づいた。

「これはダメだ」

仕事内容がどうとか、難しいとかじゃなくて、ボクが好かれていないと思った。

まわりを変えるのではなく、自分を変えなければいけない。

全てがうまくいくような自分を想定し、その自分の役を演じはじめた。


優しくあること。

親切であること。

人を尊重すること。

愛を持って、敬意を持って接すること。

人の間違いを許せること。


思いつく限りのことを行動に移した。

そんな自分で行動できる場面を見つけると、チャンスだと感じワクワクした。


自分を変えていく過程で人に助言された。

「最近のタクって嘘っぽいよ」

「媚《こ》び売って生きてるの？」


ボクは遠慮なく堂々と答えた。

「ボクは変わったんだ」

そう思っていた。

今、初めてボクと出会う人たちはこのボクが従来のボクだと思うし、昔の友達は近い将来、「ああ、タクって変わったなあ」って思うときが来る。

ボクは照れもなく、あっさりと芸風を変えるんだ。

そうやっていくと、こんなボクについてくる人たちが現れた。

滅茶苦茶《めちゃくちゃ》、嬉《うれ》しかった。ボクのことを信じて、頼ってくれる仲間が現れたのだ。

「この人たちを成功させなければ」と意気込んだ。

「この人たちを素晴らしい人に変えねば」と気合いが入った。

「うー！　それじゃダメだ！」

「もっと考えなさい！　ボクはそれはダメだと思うよ！」

勢い余って、ついつい間違いばかりに目がいってしまう。

ボクの中にある「成功者たるものはこうあるべき」というカタにはめたくなる。

そんなことをしているうちに人はついてこられなくなり、引いていく、離れていく。


「なぜ、みんな素直にボクの話を聞いてくれないんだろう？」って思った。

その疑問の答えが見つからない。

堂々巡りの果て、こんなところに辿《たど》り着いた。

そこに答えがあるような予感がした。

「**では、一体、ボクはどんな人の話を素直に聞いてるんだろう？**」


ボクだって素直じゃない。

ボクが素直に聞ける相手は……。

ボクの話を聞いてくれる人の話を、ボクは真剣に聞いている。

ボクのことを褒《ほ》めてくれる人、認めてくれる人の話を、ボクは真剣に聞いている。
ボクに笑顔で話しかけてくれる人の話を、ボクは真剣に聞いている。
面白い話、ためになる話をしてくれる人の話を、ボクは真剣に聞いている。

自分に照らし合わせてみると、自分は全く逆だった。

「ああ、これじゃダメだ」って思った。
またまた、自分を思いっきり変えた。そうあろうと努力した。それは今も。

あるとき、デール・カーネギーという成功者の『人を動かす』という本を勧められ、読んだ。

「間違いの指摘なんかより褒めることってすっごく大切なんだ！」

そこに気づいた。

「褒めなきゃ……」と思って行動するが……なかなか大変だった。

褒めようと思ったら、相手の間違っている点を沢山、見ないフリをしなければならない。気づいているけど、気づいていない自分でいなければならないもどかしさにぶち当たる。

ボクは間違っている部分を変えたいと思っている。
だけど、それを指摘してしまうと、相手は沈没しちゃう。
この人を伸ばそうと思ったら、短所を変えるより、その短所は引きずったまま、それが眩《まぶ》しくて見えないぐらい長所を伸ばしていくしかないんだ。それが「その人を許すこと」になるんだ。もう、この短所はこれで良し。許そう……そうやって、許すということを覚えていった。

ボクの「成功したいならこうあるべし」という雛形《ひながた》に人を押し込むのではなく、その人の個性を活かした「成功のかたち」を見つけようとしはじめた。

Aさんは Aさんの「かたち」の成功、Bさんは Bさんの「かたち」の成功、Cさんは Cさんの「かたち」の成功、人によって「かたち」は、違う。

例えば、Aさんはスローバラードを歌わせたら凄い、スローバラードの巨匠。Bさんはロック、もうイケイケのロックがいい。Cさんはクラシック、クラシックの成功者。Dさんは演歌、演歌系のスペシャリスト。こんなかたちで、その人の持っている「得意」を活かして成功させていく。

そのことに気づいてから、道が開けるように、ボクの事業は軌道に乗り、みんながワクワクと仕事を展開していきはじめた。

夢・実現のヒント❶

過去の自分に囚《とら》われず、あっさりと芸風を変えてみよう。

いま、だからこその学び・1

酒をやめたら甘いものが食べたい――ワープする生き方とは？

長年飲み続けた酒をやめました。

すると甘いものを無性に欲しがっているボクがいる。

ふっと思った。舌先から数センチの快楽のために、こんなに大量の糖を摂取していいのか？　ひと口目は確実に、甘さという快楽を脳まで届けている。

では、ふた口目からはどうか？

それらは何らかの食感はある。だが、ひと口目の快楽の残像を脳で楽しんでいるだけではないのか？

いや、楽しんでいるのであれば救いはある。実際はどうか。パソコンで作業をしながらでは、味わっているとは到底言えないだろう。

自分を俯瞰《ふかん》してみたら、愚かさにがっかりした。


なんでボクは甘いものを食べたいのか？

もしかすると、心にある渇きを癒すために、ただひたすら摂取しているだけなのではないか？　以前はお酒を、それ以前はタバコを——ボクは渇きを癒すために、貪《むさぼ》り、摂取している。

摂れども、摂れども、渇きは癒えることはなく、それらは繰り返された。


しばらく考えていると、その渇きにもご利益《りやく》はあった。

この渇きを癒したくて経済的豊かさを手に入れようと努力した。

また、名声を得ることでこれらの渇きを潤わせようとした。

いつも「私は不安だ」と言っている人のように。

その人は不安感に苛《さいな》まれる自分を手放したいと言っているが、その不安感が原動力となり、行動してきたとするならば、結局その不安感を手放すことはできない。

「明日のテスト、何もできてないからマズいわ！」と単語帳を開き、学ぶ女子高生。その学びが彼女を助け、テストでは高得点が取れたならば、彼女はその不安症な自分を手放すことができない。不安症による利益があるからだ。


あるとき、居酒屋「てっぺん」の創業者・大嶋啓介さんにこう問われました。

「タクミさん、もっともっと頑張らねばって思っていませんか？」

「思っているよ」と答えると、「もっと自分を磨かねばと思っていませんか？」と問いは続く。

「思っているよ」とまた答えた。

「そうやって思いながら頑張ると一歩一歩、前に進みますが、今の自分に感謝して満足すると、人生がワープするらしいですよ」

仲間の元総合格闘家・大山峻護さんから学んだと、彼は言うのです。


いつも心の中に「ダメだ。今の自分じゃダメだ」という気持ちがある。

そして「満足したら止まってしまう。満足こそ、天敵だ」とも思っている自分がいる。

時を同じくして、こんな学びがKASAMURA METHODの考案者・笠村裕子さんから僕のところにやってきました。

「問いを持つことで必ずヒントはやってくる」

そのヒントとは……幼少のころからの感情経験は、記憶から消えているが、体感として残り続けているということ。例えば、バーベキューパーティーに呼ばれなかったときに、なんか胃のあたりに違和感をおぼえる。

その違和感は寂しさという感情を帯びている。

また、幼少期からの「コミュニケーションのテンプレート」は「あ、これもそうだ!」「やっぱりそうだ!」といった具合に、証拠集めを繰り返すことで強固なものとなり、今日に至っている、ということ。

つまり、二歳のころ、お母さんとの間で学んだ「こうやるとお菓子をもらえる」という経験は忘れてしまっているが、「拗《す》ねることでお菓子が手に入る」という成功体験は残っている。

四歳のときも、一五歳のときも、二四歳の時も、今日に至るまで、その成功体験に則ったやり方で報酬を手に入れてきた。

うまくいかなかったことも、記憶が消えても、体感として残っています。

例えば、体感として、あなたに苦手中の苦手な人がいたとする。あるとき、あなたの言動がその人の癇に障《さわ》り、機嫌を損ねた。あなたは心の状態がとても乱れる。

「どうしよう、どうしよう……」と緊急事態を感じるかも知れません。

そのとき、一度立ち止まって、その出来事でもなく、なぜそれが緊急事態かという理論でもなく、そのことが導き出すあなたの感情でもなく、「体感だけ」にフォーカスしてほしい。

その感情を感じているときのあなたの体感はどこにありますか？

「胸が締めつけられる」とか「胃を掴《つか》まれる」「背中が熱い」「首筋がゾワゾワする」「喉を締められる」など、様々だと思います。

そしてその感情をさらに感じきってほしいのです。

今まで恐れたり、無視したり、嫌っていた、その感情に勇気を持って没入していくのです。思考に逃げたり、違うことに意識を逸らそうと逃げそうになりますが、その感情を怖がらずに感じきってみてください。

ただただ、感じる——。

ただただ、そこに身を寄せる——。

体感すればするほど、その部位の不快感や違和感は薄れていき、軽くなり、気がつくと嫌なものではなくなっていったり。最後には消えてなくなります。

そして、体感を感じきった先には、同じような状況が起こったとしても、あなたの心は乱れることなく、起きている出来事を、ただ起きていることとして受け止めることができるようになる。そして、あなたの人生から同じような出来事が二度と起こらなくなります。

要は、あなたが嫌っていたのは、その現場の状況でも、感情でもなく、それらが引き起こしてくる「体感」だったのです。

その体感を感じることが嫌で、怒ってみたり、拗ねてみたり……その体感を感じたくなくて、話を変えたり、気を紛らわせてみたりしていたことに気づきます。

この「体感を観察する遊戯」を始めると、様々なことが変わってきました。苦手な状況も苦手ではなくなり、生きやすい人生になっていく予感がムンムンしてきます。

ここで大切なことがあります。

悲しんだり、苦しんだりといった苦手な状況だけではなく、やる気になったり、自分を鼓舞《こぶ》したりといった前向きな状況での体感をも手放していく。ただ体感を手放すだけで「頑張らなきゃ」「成功しなきゃ」「役に立たなきゃ」という意識さえも手放すことができるのです。

すると、ただただ「全てのおかげで自分が成り立っている」という感謝の念が溢《あふ》れてきます。

これがワープする生き方、運ばれていく生き方の糸口ではないかと思うのです。「良い／悪い」「正解／不正解」「前／後ろ」「自分／他人」「身内／身内以外」「高い／低い」などなど、知らない間に放り込まれていた『二元論の世界』からの離脱です。

この現実社会（物質世界）で生きながら感じた違和感を、体感ワークにてリリースしていく生き方は「外の世界」を拡大させ、同時に「内の世界」をも拡大し、「外と内の世界」を統合していく『素晴らしい意味ある遊戯』ではないかと思うのです。

第2の法則

ワクワクできる方向へ舵《かじ》を切る

家族、企業、チーム……いい組織を作るには、そこに流れる空気感が重要だ。
その空気が上向きであるとその組織の未来は明るい。
下向きであると未来は危険である。
下向きな空気は全体意識を暗くさせ、魔を呼ぶ。
壁は自分の意識が創り出した魔の具現化なのだ。

昔、ボクの家族はスッテンテンになったことがあった。
そこには、当然、暗くなっていい諸条件が揃っていた。
しかし、確実にその困難な状況を打開し、改善し、立ち直っていくことができた。
秘訣《ひけつ》は何だったのか？……明るさだ。

明るさは吉を呼ぶ。魔を寄せつけない。
暗さを直視することは問題解決にとても大切だが、暗さの奏《かな》でるドラマにはまり込んではいけない。その先から解決の扉を開けることは困難極まりない。

Episode 2

自分はどこに向かうのか

子供のころのボクから見た父と母は、とにかくよく働く人たちだった。

毎日毎日働いて、暗くなると帰ってくる。

帰ってくると大きな声で今日の出来事を報告し合う愉快な家族だった。

「お金儲けをしようと思ったらしっかり働かなあかん！　公営住宅に入ったらやる気がなくなるから、家が建てられるようになるまでしっかり働くよー！」と言って、父母は身を粉《こ》にして働いた。

幼稚園のころ、友達を家に呼ぶと叱られた。しばらくして、それはボクの家が見《み》窄《すぼ》らしい家だから他人様《ひとさま》に見せたくないんだって気づいた。

当時のボクん家《ち》はおじいさんから譲り受けた蚕部屋《かいこ》だった。当時の日本は少し前までどの家でも蚕を飼っていた。

蚕を飼わなくなったその部屋にボクたち家族五人は生活していた。子供のころは電話もなく、隣のDさんに借りていた。風呂は親戚のおばさん家《ち》に入りにいっていた。文字にすると暗い悲惨な生活に感じるが、底抜けに明るく楽しい毎日だった。

家に車が届いた日のことを覚えている。

パンパカパーンとファンファーレが鳴り響くほどの喜びの日だった。

念願の家を建てた日のことも覚えている。

父も母も嬉しそうだった。喜びは笑みが顔からこぼれ落ちるほどのレベルに達し、ボクも子供ながらその喜びがどのレベルなのかを知った。

村里離れた地域に建った家は学校には遠く、ボクは小学生のころから片道四〇分の歩きを強《し》いられた。野球少年だったボクを、「本当にプロ野球選手になるならこの歩きがそうさせてくれる！」と一喝し、父母は朝夕の苦痛を素晴らしいことにしてしまった。

新しい畳の匂いと海から運んでくる父母の汗の匂いは、ボクの小学生時代の忘れられない匂いだ。

学校が終わるとキャッチボールをし、暗くなると宿題を片付ける。その合間に担当割りされた居間の掃除、風呂の掃除とお湯を沸かす仕事、自家製味噌の手入れ、作りかけの干物を納屋に移動させる仕事……それらを要領よくやっていた。

毎日が劇画風にリアルだった。「アケビやカブトムシを捕りに林に入れば、マムシに食われる」と叱られながら、ボクは確実に大人になっていった。

そんなある日、事件は起きた。

小学校六年生のとき、ボクの家は人に騙《だま》されてお金を失うのだ。

いつも家に遊びに来ていたおじさんが騙した。

子供だったからよくわからないけど、ボクん家はスッテンテンになった。

何かが起きている雰囲気は充分、漂っていた。張りつめた緊張感と、結末はきっと悲しいことなんだろうという悲壮感が入り交じっていた。

「ちょっと来なさい」と母に呼ばれ、真相を知る。

「あなたたちは普通の子たちとは違うの」と話を切り出す母。

「うちには本当にもうお金がなく、他人様が欲しがるものを我が家では買い与えることができないから覚悟しなさい」

このお金のない状態を、他人様からお金を借りることなく乗り越える決断を父母はした。だから、あなたたち子供も努力しなさいというお達しだった。

大事件が起こったのだ。だけど、ボクは何か重要な任務を仰《おお》せつかった気分で高揚した。ボクたちの毎日が確実に父母の、ボクたちの未来につながっている感じがした。

何か親の役に立ちたいと思った。どんな苦労も父母と共に、家族一丸となって乗り越えていく覚悟をしたことを覚えている。

次の日から、学校でも我が家に起こった事件がばれぬよう過ごした。何から何まで全く同じなのに、少し違う色に塗られた風景の中で過ごしている気分だった。


活躍したのは母だった。とにかく明るい。

「もう、お餅買ったら年を越すお金、ないのよー！　ワッハッハ！」

ケラケラと家族を笑わせる母は、細腕なのに豪快だった。

お金がなくても幸せだった。少しのものと、いっぱいの笑顔で過ごしたあのころ、ボクの宝物は親を喜ばせた思い出。


野球で勝った！　走って一番だった！

大きな魚を釣った！　学校で作文をみんなの前で読んだ！

父母が喜ぶと嬉しかった。一生懸命働いてくれている二人に少しでも喜んでほしかった。二人の期待に応えたかった。

時々、思い出したように酔っぱらうと父は「あの金があったらなあ」とぼやきはじめる。まじめに一生懸命生きている男の作ったものを他人様が奪《うば》い取ったんだ。ガッカリしている大人が嘆《なげ》いている姿を見るのは子供には刺激が強過ぎる。普段はその嘆きたくなる気持ちを力業《ちからわざ》で封じ込めているんだ。

酒はその力を奪い、父は嘆く。

「まずい」ってボクは思った。こんなとき、家族に漂うこの空気の流れは魔を呼ぶ流れの気がした。**みんなが明るくなって、みんなが未来を目指したくなる空気を作るコトバを発する**べきだと思った。

「父ちゃん！　騙される側で良かったよ。うちが騙したんじゃなくて良かったよ」

ボクは父にそう言った。この絶望的な世界に一輪、立派に咲き誇る自尊心に向けて。

今も昔話に花が咲くと、母はよく「あのコトバに救われて私たちは頑張ったのよ」と泣きはじめる。

あのころの生活、自慢することはあまりないけど、誇りに思うことは沢山ある。

物質的には何も満たされていなかったけど、いっぱいの愛と笑いがあった。
親と一緒に一生懸命生きることで心はいつも満たされていた。
ボクはこの特殊事態の貧困生活から大いに学んだ。
非常事態時にも平凡で幸せな生活がそこにはあるということだ。

お金、名誉、裕福なものなど……それが手に入らないと幸せはやってこない？

そのころのボクは諸条件が人を幸せにするのではないってことを学んだ。

夢・実現のヒント❷

悲しみのドラマに入らず、その現状の中での明るい要素を集めてみよう。

第3の法則

新しい考え方に自分を馴《な》染《じ》ませる

過去にうまくいかなかった記憶が束になってあなたの道を塞《ふさ》いではいないだろうか?

あなたの習慣化したものの考え方、判断の基準自体が壁そのものではないのか?

あなたの中で「当たり前」として処理されている情報にもう一度、目を通してみてほしい。


それらが壁を形成していたならば、新たに学ぶことによってその壁は消える。

自分を磨くことで道は開けるのだ。


そのための近道は身近なところに学べる師、メンターを持つこと。

そして、学んだことを、ただの学びで終わらせず、日々応用してみること。

新しい考え方に自分を馴染ませ、自分の新しい習慣にすることだ。

Episode 3

影響されるのは悪いことか

ボクが仕事を始めるきっかけになったのはTさんの影響が大きい。男惚《おとこぼ》れした。

当時のボクは片岡義男さんの本を読んでは、格好いい大人に憧れていた。

大瀧詠一さんの曲を聴いては、目の前に実際はない風景を見ていた。


Tさんと話しているとそんな雑誌や画面の中の生活が手の届く範囲にある気分になった。ボクにも夢のような生き方ができるかもって、想像してはワクワクした。

そして、ボクに「人間って凄い！」って思わせてくれたのもTさんだった。

特に最初の出会いはショッキングなものだった。

「君はノミ、知ってる？　君は、こんなノミじゃない？」

「ええっ？」（何？　何？　何の話？）

「コップの中にノミを入れると、飛び出していくんだ。飛び出さないようにガラスの板を置いてあげると、ノミは頭をコンコンコンコン打つんだ。ノミもバカじゃないから、次第に頭を打たないように飛びはじめる、コップの中で。そっと、そのガラス板を外しても、ノミは飛び出していかない。ガラス板があると思ってるから、そのコップの縁より高く飛ぶことはしなくなるんだよ。そんなノミじゃないか？」

いきなりそんなことを言われても……でも、「当たっているかも」という気がした。

子供のころからの「ダメだった記憶」がボクのガラスの壁。

過去の失敗がボクの限界点だと思い込んでいるかもって思った。

ホントはもっと高く飛べるのかも!?

Tさんは謎掛け話をする口調で話を続ける。

「こんな象がいるんだ」

「どんな象ですか？」

もう、ボクの心はドキドキする準備ができていた。

「サーカスで飼われている象の話なんだけど……子象のとき、逃げ出さないように足に鎖《くさり》をかけて杭《くい》を打つんだ。それがどんどん成長して、大人の象になっていくと、杭の大きさはどれぐらいになると思う？」

「いや、それは、もう、超デカいんじゃないですか？　超大きい象だったりしたら、大きい杭じゃないと抜かれちゃいますよね」

Tさんはニヤッと笑った。

ボクは何が問題なのかがわからない。

当たり前のことを当たり前に答えるしかなかった。

「いや。杭は、子象のときと同じ大きさでいいんだ」

「ええっ、なんでですか？」

「象は、子供のときから抜けないと思っているから、大人になっても抜けないと思い込んでいるんだ。だから、彼らは抜こうとしないんだ」

ボクは、自分の中が熱くなるのを感じていた。

子供のときに、飼っていた犬を思い出した。その犬は鎖を外してあげても、いつも鎖のまわりをうろうろしていた。

今のボクはあんな感じになっているんだろうか？

もしかして、子供のときにできなかったからって、今もできないと思っていることがあるんじゃないか。もしかすると、今は子象だから抜けないような杭でも、大人になっていく過程で、抜けなかった杭が抜けるようなことがいっぱい起きてくるのかもと想像した。

過去の体験に騙されちゃいけないって思った。

Tさんの動物のたとえ話は的《まと》を射ている。
ボクの心の的も射ている。

「タク、水槽《すいそう》の中にカマスがいるとするよな。エサになる小魚を入れると、凄い勢いでアタックして、パクッと食べてしまう元気のいいカマス。それをエサの小魚とカマスの間にガラスの板を入れてみる。カマスは、ガラスの板にゴツンゴツンとぶつかって、そのうち、小魚にアタックしなくなるんだ。それを見届けてから、ガラスの板をスーッと抜いてあげると、小魚はカマスの間を泳ぎはじめているのにカマスはそれでも小魚を食べない。さて、どうしたら、そのカマスにその小魚を食べさせることができるか？」

Tさんは弟子に教えを諭《さと》す白髪白髭の長老剣士のようだ。

「ええっ、教育されちゃったってことですよね……いや、わからないです」

「その方法は簡単だよ。野生のカマスを一匹入れるんだ」

「野生の……カマス……。ハッ！」

そのコトバに、ボクは想像し、鳥肌が立った。

野生のカマスは迷いもなくエサに食らいつく。

それを見てまわりのカマスは教育という呪縛《じゅばく》から解き放たれる。

水槽の中は一気に修羅場《しゅらば》と化す。


その修羅場を想像して鳥肌が立ったんではない。

ボクが野生のカマスになってやるって思ったからだ。


ボクのまわりの人たちは皆、「チャンスなんかない」、もしくは「チャンスがあってもできっこない」と思っている。

「他者は成功できても、自分にはできない」みたいな感じで、目の前のエサを食べようとはしない。教育されてしまっているんだ。小魚の目の前に行っても、このまま卒業して就職してみたいな考えばかりが先に立っている。よし、ボクが絶対、野生のカマスに……そう奮い立った。

仕事を始めて一ヶ月目、自分にどれぐらいできるのかを試してみた。

学生として学校へ通い、その後、アルバイト。

限られた時間をどう活かすか？

今まで使い物にならなかった時間の端切れを「やる気」っていう糸でつなぎ合わせていく、時間のパッチワークみたいな作業を一ヶ月やってみた。

一ヶ月目の大きな学びは「自分を変化させること」だった。

崩れそうになる気持ちを「大丈夫だ！」と励ましてくれたTさん。

その気持ちに応えたくて、また、Tさんを驚かせたくて、Tさんに褒めてほしくて、二ヶ月目を頑張った。

何から何までTさんにボクは教えていただいていた。

彼は、ボクにとってコーチであり、師匠みたいな人だった。

月末を待たず、二五日の時点でボクは目標を達成し、鼻を膨《ふく》らませながら意気揚々とTさんに報告の電話をかけた。

「できましたよ。楽勝でした、これ。今月の目標を達成しました！」

「は!?　もう一個上狙《ねら》ったらどうだ?」。電話の向こうのTさんは冷静だった。

「無理ですよお！　あと五日しかないのに、それはできないですよ」

「ああ、そうか。タク、それはな、**『できんかった』と言わずに、『やらんかった』と言うねん**」

「ええっ！」（驚）

なんか、痺《しび》れた。

なんか、惚れた。

なんか、燃えた。

なんか、有り難い。


ボクは、**できなかったヤツにはなってもいいけど、やらなかったヤツにはなりたくない**と思った。

成功する人って、そうやって考えるんだと思った。

ボクは試してみた。やってみたらどうなるのか知りたかった。


人生は「今」「今」「今」の連続体だ。

この一個の「今」を違うものにしたとき、将来はどうなっているのか興味が湧いた。

やってみると、もう一つ上の目標を達成することができた。

ボクは自分のまだまだ短過ぎる二〇年という人生を振り返った。

「沢山、あるなー」と思った。

目標を立て、それを達成し、ご満悦。もう一個、上？

それは無理だし、結構！

ボク……満足です！　って笑っている古い自分を数多く発見した。


本当はもっと前に進んでいたんだ、きっと。

かなりガッカリした。もっと早くからこのことを知ってたらなーって思った。


でも、しばらくして、こう思い直した。

「まだ、二〇歳で良かった。それに気づいたのが二〇歳で」

もし、人生の後半で気づいたら、「やり直しさせて」という感じになるだろう。

「これからの人生、二度とそのミスはしないぞ。過去には騙されないぞ」

「できそうな目標ではなくて、なりたい目標に向かうんだ！」

「できなくてもいい。やらなかった自分にはならないぞー！」

全て学びだ、とボクはいつもそう思っている。

「もっと早くに知っていたら!?」って思うことが人生には沢山ある。

でも、こう思うようにしている。

「それを今、知ったことに意味がある。もう二度とミスはしない！　このことを自分の考え方に標準装備させよう！」って。


Tさんの言っていることはいつも理解できるが、そのたびに心が痛くなりながら学んだ。

一番心が痛かったのは、「言ってもらっていることは理解できるが、そんなことを自分で思いついたりできるようになるのかな？」ってこと。

「俺ってダメだな」って自分を責めた。

でも、責め続けても成長しないので、一個一個学ぶしかなかった。

「ボクは言われたらできる！　でも、言われないとできないです。だから、随時教えてください！」とTさんにお願いした。

いつも、学びだ。


あるとき、車一〇台が連なって、広島から鳥取へ向かった。

Tさんはボクに一番前の先導車を運転させた。

横には、Tさんが乗っていた。急に、Tさんの声が厳しくなった。

「タク、ちょっと左、寄せろ」

後ろの車も、あわせて、左に寄せて停《と》まった。

「全部ついてきてるか？」

「いや、わかんないですよ、ついてきてるんじゃないですか？」

「そんなんじゃダメだ」

「だって、ついてこないヤツが悪いんじゃないですか」

ボクは純粋にそう思った。

案の定。数台が、結局、ついてきていなかった。

Tさんは、ボクを怒鳴《どな》った。

「そんなんじゃ、リーダーになれない！」

そんな、車で迷ったぐらいでこんなに怒らなくても……。

ボクは、釈然《しゃくぜん》としなかった。

そのとき、Tさんはなぜダメかを丁寧に説明してくれた。

「いいか、仕事が一〇〇ある。タクが一〇〇のうち、五つのミスをしたとする。その比率がタクの比率だ。だから人生の一〇〇のうち、タクは五つのミスをする。全部が相似関係だ。

タク、**小さなミスを見逃すな。小さなミスを軽く見るな。その割合がタクの人生だ**」

そのコトバに、ボクは、ドキッとした。

その割合がボクの人生なんだ。

自分の物事に対するケアの割合。

ケアの集中度。

何までを良しとし、何からを悪しとするかの線引きの場所。

全てが人生とつながっている。

目の前の出来事が全てつながっている。

確実に問題を解き、目標を達成させる。

「……だろう」とか「たぶん……」で仕事をしてはいけない。

一〇台が揃ってそこに行くという目標があるんだから、それを達成しなくてはいけない。

どんな理由であれ、ついてこないってことはダメっていうことなんだ。例えば、気くばりをしなくても全員が来るんだったら、それでOKだし、気くばりをしていても一台でも来ないんだったらダメだということ。

要は確実に目標を達成するということだ。

Tさんが教えてくれたことに、組織の話がある。

「タク、**組織を作るということは、人を教育するということなんだ**」

「なるほど！」

学校の教師を目指していたボクは教育っていうコトバに敏感だ。

「じゃあ、誰を一番初めに教育する？」

「まず、中心になっていくリーダーですかね」

「うーん、違うなあ」

「ち、違うんですか？　え？　誰ですか？」

「自分だ」

ビビビビビッ！！！！　て来た！　雷に打たれた。

「まず、タクが自分を教育することだ。自分が学ぶってことだ。成功者たる者は一体何なのかということを学ぶことなんだ」

「いいか、タク。**人の話に感動する人はいるけど、自分の生活の習慣として取り入**

れていこうっていうヤツはなかなかいない。学んだことを片っ端から習慣にしていくことだ」

もう、それから心が動くたびに、メモを取って、家に帰ったらノートにまとめる。まるで優秀な学生みたいに学んだことを全部復習してまとめる。

そしてまた、ファイリングしていくっていう作業を徹底的にやった。

忘れたころに、またメモを見ては復習して、それを何度も何度もこなして、自分の個性の中へと取り入れていった。

さも標準装備されていたかのように入れ込んでいくっていうことを、とにかくやっていた。

「タク、目標を持って、計画を立ててそれを達成することを、人は成功と呼んでいる。だけどな、**本来、人たる者は、その目標を持って達成するまでの過程で学ぶことが、人生の成功なんだ。**

つまりな、ポルシェに乗りたいと思っている人がいる。頑張って稼いでそれを手に入れる。これは物質的なものの見方でいう成功。人間的なところにスポットを当てるなら、それを手に入れるために自分を磨く、切磋琢磨《せっさたくま》する。あれがダメなら、これをやってみようと試行錯誤《しこうさくご》する。その過程で知識は知恵に変わっていく。まさしく、この過程が人間としての成功なんだ」

ボクは、Tさんのコトバに本当に影響を受けている。

性格は一生変わらないかも知れないが、考え方は学ぶことで今日から変えることができる。

学ぶたびに自分が変わっていくという喜びがそこにあった。友達の勧めで始めた仕事であるが、これしかないっていう確信のもと情熱を注いだ。

いつしか、仕事の成長が人間としての自分の成長を感じられるものとなっていった。

夢・実現のヒント❸

素敵な人を真似てみよう。

第4の法則

目標を定め、心を決める

何を、いつまでに、どうするべきかをハッキリさせる。

それらがハッキリすると、諸条件の中で何がハッキリしており、何がハッキリしていないかがハッキリする。

なので、何をやればよいかがハッキリしてくる。

すると心はスッキリする。

要は心を決めるのだ。それまでは徒《いたずら》に時間を浪費しているだけだ。

決めることで自分の持っているオーラが変わる。

目つきが変わる。口調が変わる。判断が変わる。選択肢が変わる。

全てのベクトルに「それを達成するため」という強い傾向が加えられる。

うまくいけばそれは素晴らしいことだ。

そして、うまくいかなくてもそこから学ぶ沢山のことがある。

チャレンジすることは目の前の道を開かせるだけではなく、次の道をも開かせる。

Episode 4

なぜ目標を決めるのか

年齢を重ねるにつれて、ボクは親父に似てくる。
風呂上がりに見る鏡の中の男の姿に、親父を発見するときがある。
血は何かを受け継がせるのだ。

ボクの親父は、人として面白い人だった。
ある意味、超ロマンチスト。
昭和七年生まれ。昭和一桁生まれの男はユニークだ。
親父はまず、電電公社に勤めた。トッー、トッーの時代だ。

生まれた里を遠く離れ、就職する。
そのころの彼は何を求め、何を探していたんだろう。

辞めて、次はレントゲン技師になる。
「私はレントゲン技師だ！」と言い放ち、勤めてから資格を取得したらしい。
美しいレントゲンを撮る人として有名だったと聞いている。
いい時代だ。
そんなわけで、普通の人より医学知識が豊富だった。
「あーそれは大丈夫だ。〇〇だから」と安心感を家族に与える大黒柱だった。

当時、母と結婚して一人目の子供、ボクの兄が生まれる。
母は九州女。
なぜか離れた三重で二人は出会う。
二人の出会いには謎が多い。ボクも詳しく聞いたことがないわけだが、謎は謎のままが美しく感じられるような気がする。
オペのトラブルで、ボクの兄貴は生まれて間もなく命を落としてしまう。
その病院内にいた親父は、病院の院長とやり合って飛び出してしまった。

次に、ボクが生まれる。
ボクは次男だ。
戸籍上は次男だが、立場上は長男として育つ。
小さなころから仏壇に手を合わせ、兄と話していたような気がする。
今はきっと、父と一緒にボクたちを見ている。

病院を去って、親父は保健所に勤める。が、三四歳の時、家業だった真珠養殖っていう仕事を始める。三重の志摩《しま》半島は真珠で有名な場所だった。
昭和一桁の生まれの人で、そんなに仕事を変える人、あんまりいない時代じゃなかったかと思う。

親父は、たぶん許せなかったんだと思うんだ。

「一度決めた仕事だからそれを貫き通すのが誠実な生き方だ」と考える人たちが多い時代に、「こうありたい」というのがきっとあって、それを探し求め続ける。

そのことに対して、嘘をつかないということが誠意だって思っている人だった。


真珠養殖は過酷《かこく》な仕事だ。今はかなり近代化されて労も軽くなったのかも知れないが、厳しい仕事であることには変わりない。

海で働く男の生き様がそこにはあり、ボクは家業を継ぐことに逃げ腰だった。

「ボクは弱虫なのか？」といつも問いかけたものだ。

結局、家を継がず、違う業界で自分の生きる道を見つける。

ボクは頑張る父の背中を見て育った。

だから、**自分の力を惜しみなく仕事に発揮させることが善だと思っている。**

仕事に力を注がない者は愚かだと育てられた。

頑張ることは美しいことだと思っている。

サボることで「ラッキー！」と思う人もいる。

仕事がうまくできて「ラッキー！」と思う人もいる。

両方の「ラッキー！」が目の前にあるなら、仕事をするほうを選ぶ。

親父の背中に感謝である。


真珠養殖っていう業界で頑張っていく親戚の中に、輝いてるオジサンがいる。

オジサンは、真珠業界とか、真珠を作るっていうことにもの凄く多大なる努力と、功績と名声を残した人で、億万長者。

今でも財団法人の理事をやっていて、「わしは国益を考えて仕事をやっとる」と言うのが口癖の素敵なオジサンだ。


二七歳のとき、実家に帰ると、そのオジサンと親父が酒を酌《く》み交わしていた。

「ほおー、久しぶりだなあ、タクミ！」

「オジサン、お久しぶりです」

「タクミ、酒が飲めるようになったんか」

「もう、ぜんぜんなってますよ」

「ほな、風呂上がってきたら一緒に飲もうや」

オジサンは、かなり出来上がっていた。


ボクは風呂に入りながら、ふと、今、自分が悩んでることをオジサンにぶつけてみようかなって思った。

オジサン、どうやって答えるだろう。

億万長者だし、何かいいアドバイスがもらえるかも知れない。

悩んでいたのは目標のセッティングについてだ。

「高望みする気持ち」と「いやいや謙虚にこの辺を目指す気持ち」とが入り交じっていた。どっちも正解なように感じられ、目標が絞《しぼ》り込めていなかった。

こんな質問、畑違いのオジサンに言ってもわかるかな?

……でも、まあ、とりあえず、風呂上がったらオジサンに相談してみよう。

「おっちゃん」

「おお、飲め」

「おっちゃん、質問してもいい?」

「何やねん」

「おっちゃん、ボク、悩んでんねんかあ……」

「それは、迷ってるからや」

「ええっ?」

まだ、質問してないのにオジサンは答えを話しはじめた。

「どっちでもええからな、AでもBでもええから決めてやね、やってみー。やってみて、あかんかったら、そっから学んだらええ。うまいことといったら、それでええがな。**一番あかんのは、迷うことや。迷うから、人は悩むんや**」


ボクは、痺れた。凄いなあって思った。

質問し終えてないのに、もうわかっている。

何度も何度もこの道を通った人なんだ。

やっぱり、道を開く人というのは、そういうレベルなんだって思った。


オジサンは何度も何度も目指してチャレンジしてきたんだろうなあ。

悩んで、迷って、選択を先送りにし、具体的な行動を保留したこともきっとあるんだろうな。

だから、まるで方程式を解くように答えが出てくる。

悩んでいる人は迷っている人なんだ。

目標を決めきれない。

しくじりたくないから、正確な選択をしたい。

でも、それがわからない。
決めずに保留するから、どっちみち時間切れでしくじる結果が待っている。

悩んでいる人は、努力することを保留している。

迷わずどっちかに決める。
決めて、具体的に動きはじめる。
うまくいったらそれで良し！
ダメだったら、その結果から学んで次の自分を育てるってことだ。

オジサンは、見た目は、ただの田舎のおっちゃん。
実家に帰ったときに、飲みに行くところがないからスナックとかに行ってオジサンにばったり会って飲んでる姿を見ると、ホントに田舎のおっちゃんが飲んでるだけ。

だけど、発想や思想は半端じゃない。

そのとき、ボクは、あまりの感動に興奮して、続けて他の質問をした。

「おっちゃん、例えばさ、チャンスって何なん？」

「チャンスなあ……**チャンスは人が失敗した後、歩いたらようさんあるなあ**」

「失敗の後？」

「そーや。夢を叶えたり、チャレンジしたりしない世の中の人らは、チャレンジして失敗すると指さして笑う。『あほやなあ』言うてな。『ほら、だから、俺が言うとったやろ』とか、皆バカにする。

だけどなあ、タクミ、人はバカじゃないねん。人がチャレンジするということはなあ、何かあんねん、そこには。たまたま、うまいことといかへんかったから、それは失敗しただけや。

人がチャレンジするときは、何かそこにあるんや。

そこを探してみい。その失敗の後には、いっぱいチャンスがあるでえ」

ボクは、またまた唸《うな》った。

チャレンジする人への視点が違う。

鋭《するど》い視点だし、あたたかい。

とにかく、オジサンの発想は凄い！　と興奮した。

「おっちゃん、なんでそんなに成功したのに、海外旅行とかあんまり行ったりせえへんの？　ボク、海外とか行くの凄く好きなんやけど」ボクの質問攻めは続く。

「おっちゃんらはな、戦争中に大きくなってるからなあ。いろいろ教育受けてるから、外国の人見ると、正直怖いんやわ。タクミらは、違う生き方しとるよな。戦後生まれやから、アメリカはカッコいいなあとか、そういうように勉強しとるだろう。おっちゃんは、怖いんや」

そんなことを素直に言える大人って凄いなあって思った。

普通、人は、もうちょっと心とコトバが一緒じゃない。

でも、オジサンの魅力って素直に自分の恥もペロッと出せる素直な心なんだろうなって思った。オジサンの等身大の姿が格好良かった。

ボクは、オジサンのアドバイスで、一つ上のレベルに目標設定して、動き出した。

具体的に前に進んでいった。

結果としては、一つ上も、二つ上の目標も達成できなかった。


だけど、次のチャレンジでは、二つ上のレベルの達成ができた。

もし、アドバイスがなかったら、どちらを目指すべきなのだろうかと悩みながら徒に時間を過ごし、その悩んでいる自分は努力をしているって勘違いしていたのではないだろうか？


人は、具体的に動くことを保留しがちだ。

目標があってその達成を考えるから、判断の基準が生まれる。なのに……。

高い目標を目指してできなかったら恥ずかしい。

この低い目標を目指すのが本来の目標設定なのだろうか？

うーん、それがわからないと保留するからタイムアウトになるのだ。

「達成できなかったら恥ずかしい！」は一瞬プライドのように見えるが、それは見栄だ。


自分らしくないとか自分らしいとか……もっともっと行動して磨かないと本当の自分らしさは出てこない。迷ったらGOなのだ。どうしよう？　と迷ったら、エイッて飛び越えるのだ。


その勇気はどこから来るのか？

ボクは、結局、「人間、いずれ死ぬしな」って思っている。

何かを達成したとしても、達成しなかったとしても、いつかボクらの肉体は滅びていく。

「うちの祖父は……○○だった」とか、「うちの曾祖父さんは……○○だった」とか、いずれボクらの生き様は肉体をなくしたときに情報に変わっていく。

だったら、自分はどんな情報に変わっていくんだろう？

どんな情報を残したいんだろう、どんなものが残せるんだろう。

そんな思いが強くある。

達成できれば栄光が残り、達成できなかったら達成しようとした志という歴史が残るような気がする。

また、ボクは、「リインカーネイション」をどこかで強く信じているところがある。

輪廻《りんね》転生《てんしょう》だ。

あの世、この世を行ったり来たり。

こっちに来るときは肉体をいただき、魂を磨く。

この世は楽しく自分を磨く修行場だ。

自分を磨かなければとか、自分を育てなければとか、どこかで常に思っている。何かトラブルが起きたりすると、「神様、一体何をここで学べとボクに仰《おっしゃ》ってるんですか？　ボクは、それを学びます」っていう気持ちになっている。

仏壇で手を合わせるとき、神様の前で手を合わせるとき、**「自分がやるべきことをやっていきますので、ボクが学ぶべきことをベストなタイミングで起こしてください」**って、ボクは思うようにしている。

「助けて」とか「うまくいかせてほしい」っていうお願いじゃダメなんだと思っている。

それじゃ、自分の魂は磨かれない。**自分が学ぶべきことを学ぶべきときに提供していただけるっていうのは、贅沢《ぜいたく》なことだと思う。**

飯田史彦さんという経済学者が、生まれ変わりのことを書いた『生きがいの創造』

という本がある。飯田さんは、そもそも、どうしたら組織のモチベーションを上げられるのかという研究をしていた。

講演とかセミナーは、所詮、どうしてもカンフル剤的な効果しかないことに気づく。

そこで、「どうして、彼らは頑張り続けているのだろう」と、逆説的に見ていったときに、モチベーションが高い人には、リインカーネイションを信じている人たちが多かったらしい。

要は、**「自分の魂を切磋琢磨していくんだ。この場をいただいて、自分の魂の向上とともに、また、来世があるんだ」** みたいな思想を持っている人たちが非常にモチベーションが高かったということらしい。

ボクは、この日本っていう国は、リインカーネイションを信じている人たちが比較的多い国だと思う。

「ごめんなさい、今年は初盆なんですよ」

「ああ、ほんなあ、しゃあないなあ」と会社は休みをくれる。

仏教的な発想を持ってない外国人は、「WHAT？　初盆？」って感じなはずだ。

「なぜ、彼は初盆だっていうことによって、あんなに簡単にホリデイが手に入るんだ」と聞かれたならば、ボクたちはこう答える。

「いや、あの、魂がこの世を去って、向こうに行きまして、今回、初めてこちらに戻ってこられるんです。これは、初盆と呼びまして、それは、会社に出てる場合じゃなく、お迎えをしなくちゃいけないんです」

それぐらい、その魂みたいなものがあって、あちらの世界に行って、そして……みたいなことを、毎日の生活の中で凄く信じて感じている国民だから、「どっちかというと、地球の中でもよく働く理由」もそこにある気がする。


自分の目標とかいうこと以前に、リインカーネイションの中で、魂を磨かなければみたいなものが根幹にある国。元々、自分の中に標準装備されているその感覚を研《と》ぎ澄ますだけだから容易なことのように感じる。なので、この国では、人を啓発していったり、組織を啓発していく中では、「魂を磨く」って重要なコトバだと思う。

夢・実現のヒント❹

「なりたい自分」を決めると、目の前の迷いが消える。

いま、だからこその学び・2

この世は仮想空間なのか？――願うから「愛でる」へ

作家の奥平亜美衣さんと対談したときに、「引き寄せの法則」について話していただきました。

人には、

「豊かになりたい」

「彼氏が欲しい」

「時間が欲しい」

「素晴らしい人間関係を」……などという願いがあります。

神社のお守りの効果効能のあれこれ。あの品書を見ると「人間の欲しているもの」

を知ることができますね。
受験合格、安産祈願、交通安全……。

そこで、「どうやったら引き寄せたいものを引き寄せることができるのでしょうか？」と質問すると、返ってきた答えは意外なものでした。

奥平さんは、願えば願うほどそれらは手に入らないと言うのです。

「豊かになりたい」と強く思い願うと、「豊かになりたいという状態」が続く。
そんな現実を引き寄せてしまう。

では、どうすればいいのでしょうか？
それは「豊かになりたい」と願うのではなく「もう既に手に入れている豊かさを愛でる」です。

もし「願いは叶《かな》わず、今の人生が、現状が永遠と続く」ならば、あなたは何に感謝しますか？

「既に手に入れている豊かさ」は何ですか？

「よく考えると人並み以上にお給料をいただいている」とか「金銭的には恵まれているとは言えないが、時間的にかなり融通が利く環境にいると思う」「人に恵まれている。あり得ないぐらい素晴らしい人間関係だ」などなど、誰もが簡単に「現状の中の幸せ」を見つけることができると思われます。

こうやって「既に手に入れているモノに気づきそれを愛でる。感謝する」ことでそのことを引き寄せると言うのです。

「時間を手に入れたい人ならば、既に手に入れている時間に関する感謝は何か？」を知り、それを愛でる。

「経済的余裕を手に入れたいならば、既に手に入れている経済的な喜びは何か？」

を知り、それに感謝する。

「良好な人間関係を望むなら、既に手に入れている素晴らしい関係は何か？」を知り、それを大きく喜ぶ。

「亜美衣さん、それ、引き寄せの法則というより、中漏れの法則ですよね」と僕の口から漏れちゃいました。

「引き寄せ」という言葉が持つニュアンスは「外の世界から内の世界へ、手に入れたいものを取り入れる」。

手に入れたいものと同質なるものを内の世界に発見し、それらを愛でる、感謝する、喜ぶ。

そうすることで、ポップコーンのように膨れ上がり、中身が漏れはじめ、欲していたものをも内包していくわけです。

感謝を表現している人は尊いエネルギーを発し、極度に欲しがる人は卑しいエネルギーを発するものです。

人生に愛されるエネルギーや波動を手に入れたいものですね。

バシャール（バシャールとは、米国に住むダリル・アンカを通じ、チャネリングの手法で会話することができる宇宙生命体）と対談したときにも、「信念体系を知る」ことの重要性が語られました。

「豊かさを求める」という思考を支えている思考、もしくはその感情を支える感情は何なのか？

そこにあるのは、「私は豊かではない」や「私は豊かでないと幸せではない」「豊かさを求めない自分は真面目ではない」「まわりのみんなは既に豊かになっている」「豊かになって目立つ存在にならなければいけない」などなど。

さらに下層を掘ってみると「豊かでない私はダメな人間だ」「幸せを求めない私は人生の脱落者だ」「真面目に生きない私は愛されない」「他人より劣っている私は母を幸せにできない」「兄は優秀で、自分は惨めだ。目立つ存在になり両親に愛されたい」などなど、「私は寂しい」や「私は惨めだ」「私はダメな人間だ」という「思い込み」に至る。

そしてその根本にあるのは「愛されたい」という思いではないかとボクは思っています。

それらの逆を考えると「既に手に入れているものを発見し愛でること」で「既に手に入っていますよ」と深層意識にアプローチすることができ、「それを既に手に入れているし、手に入れることは容易だ」と伝えることができ、「中漏れの法則」にて願いを叶えるかたちになります。

また、マイケル・ローチ（チベット密教でゲシェの学位を取得し、仏教の教えに従いビジネスの世界でも大成功を遂げている米国人）の教えの中にも、「自分がもっとも手に入れたいものを人に捧げる」というものがあります。

「時間がない。もっと時間が欲しい」と思うなら「時間を差し出す」のです。自分よりも忙しくしている人に「一時間ほど時間がありますよかったらお手伝いさせてくださいませんか？」と。それらを４ステップという法則にしているものがあるので、ここに紹介します。

１　ワクワクする目標を明確にする
２　同じような目標を持つ（同じ境遇にある）パートナーを見つける
３　週に一時間、そのパートナーのサポートをする
４　毎夜、眠る前に「他者に貢献できている自分」を愛でながら寝落ちする

既に手に入れていることを愛でたり、欲しいものを誰かに差し出すことで、深層

意識が「手に入れることは安易だ」と書き換わるのです。
こんな法則を一〇代のころから知っていたらなと思います。
しかし、今、知ったことに感謝し、愛でながら生きていきましょう。

ちなみに、バシャールにも４つのフォーミュラと呼ばれているものがあります。

1　ワクワクする目標
2　Do your best.　全身全霊で打ち込む
3　結果には執着しない
4　常にポジティブである

二〇代半ば、これを知り試行錯誤を繰り返してきました。今の時点で僕が出している結論をここに記します。
目標を持っているが頑張れない、行動に移せないという人がいます。それは目標自体が本物の目標ではないかも知れません。それを僕は「養殖の夢」と呼んでいます。「親がいいと言っていた」とか「テレビでそれが賞賛されていた」「きっと社会的に好評だ」など、知らないうちにすり込まれた「嘘の夢」。

「本当の夢＝天然の夢」は「いても立ってもいられない」し、「叶わなくても、叶わなくても、そのことに向かっているだけで幸せだ」と感じるかも知れません。

ここで矛盾を感じたのは2と3にある、「全身全霊で打ち込む」のに「結果には執着をしない」だったのです。「頑張るが執着しない」って「なんで？」と疑問が湧いたのですが、「ゾーンやフローの状態は再現することが難しく、執着するとゾーンの外に押し出される」と聞いたことで謎が解けました。

フォーミュラの2と3を合わせると「忘我《ぼうが》没頭」というコトバが浮き上がってきました。「我を忘れる」そして「時を忘れる」状態を「夢中」とか「中今《なかいま》」と呼びますが、もっとも人間が能力を発揮できる状態なのかもしれません。

そして、４の「常にポジティブである」ですが、良い状況のときもあれば、悪い状況のときもある。どんなときでもポジティブな自分でいるには、二元論的に考える癖、光と影の間に境界線を引く癖からの解放が考えられます。

それに関しては25ページの「いま、だからこその学び・１」にて「体感ワーク」を紹介しています。

第5の法則

なにげないメッセージに耳を澄ます

誰かの発したなにげないコトバが人生観を変えてしまう。

人生観が変わるから人生が変わりはじめ、人生が変わりはじめるから出会いも変わる。また、それにより人生観が変わり……の連続。

その流れに入ってしまうと滑《すべ》るように人生が動きはじめる。

コトバって大切だなって思う。だから大切に話し、大切に聴く必要があるなあと思う。

コトバには言霊《ことだま》ってものがあり、それをただ知っているフレーズとして処理するのではなく、本当にそう感じて生活してみると、目に見えなかった何かがリアルに感じられるようになる。

ある方向にまっすぐ進んでいた玉に、コツンとあるコトバがぶつかり、微妙に進む方向が変わる。この少しは人生という尺度で見ると大きな違いになっていく。

感じたり、考えたりするときのベースに影響が与えられ、判断が変わる。

常にいろいろな出来事に対する判断が変わっていくのだから、人生は大きく変わっていくのだ。

Episode
5

動けないのはなぜなのか

中学二年生のころ、大いに悩んでいた。

胃腸が弱かったのか、自然なことだったのか？

昼食後、お腹が痛くなる。

お腹が痛くなったら普通にトイレに行けばよいのだが、当時それはとても恥ずかしいことだと思っていた。

それが他の人にばれたら人格まで否定される一大事ではないかと思うほど怖れていた。

「お腹が痛くなったらどうしよう？」という恐怖感の中で、あのころ過ごしていた。

そんなある日、名案を思いつく。

職員室の隣にある職員専用のトイレは掃除の時間、一人が担当すれば片が付くほど狭かった。

そこの担当に名乗り出る作戦に出た。それも毎日。常に。

それにより毎日、ボクは頭上に常にあった恐怖感から一気に解放され、安全地帯を確保したのだ。


そんなある日。

来る日も来る日もそうしていたら、急にその日はやってくる。

H先生がボクに声をかけた。

突然だ。

H先生は威厳《いげん》のある美術の教諭だった。

「ヤマザキッ！」

すえたニオイのする狭い便所で目の前の便器をキレイにすることになぜか夢中に

なり、没頭し、忘我の世界にいたボクをドキリと現実世界に引き戻した。

「はっ、はい！」

「ヤマザキッ、大物になるぞ！」

「大物っ？」


ボクの体は痺れた。

大物っていう響きに。

頭の中では「先生は勘違いしている」ということを理解していた。

しかし、もう体は痺れてしまっているのだ。

大物……大金持ちでも、大変良い人でもなく、大物。

絶対的な存在感があるコトバだった。


その単語「大物」が持っているニュアンスに憧れた。

いや、呪《のろ》いのごとく、そのコトバにボクは囚われた。

この事件から四〇年以上が経《た》っている。
なのに記憶の中で生き続ける、あのときの「ドキッ」がいる。
それは一四歳のボクには劇薬だったのだ。

当時、他者との努力の差は、ややもすると損をしているような気持ちにさせた。
他の人たちは遊んでいるのに自分は部活動をしなければならない。
他の人は楽しそう、ボクは汗をかきながら走っている。
「いやいや、大物にならねばならないのだ。他の人と同じではいけないのだ」
その日以来、ボクの「一生懸命」の矛先《ほこさき》が決定した。
「大物教」の信者になった。

大物教の信者のボクは今日も便器と語り合う。
昼下がりの中学校の小部屋で修行が始まるのだ。
黙々と黙々と。
思い出してはニヤッとし、今日一日を頑張るコミットメントをするのだ。

今思うに、「大物」とは何なんだろう？

影響力が大きい。
魅力的である。
公平である。
皆の利益を考え、人として我欲《がよく》を超えている。
人として大きな存在であるということなのか。

今の自分はどう？

今なお、大物になるための大物教の信者であり、修行の身である。

一四歳のボクを「大物になるぞ！」と目が出るほどの高値で買ってくださったあの先生こそ大物だ。

その人のコトバに、気持ちに応えたい。

中学生がある先生の勘違いしたコトバに心を射止められる。

ある人が聞けば自意識過剰な少年の勘違いのような話だ。

しかし、本当にそうなんだろうか？

ボクはそれをただの勘違いや偶然や戯言《ざれごと》と考えたくはない。


この世には道案内としてのメッセージが溢れている。


その中のいくつかをキャッチすると、新たな展開が人生には待っている。

これらをくみ取りながら前に進みはじめたときに道は開ける。

「こうに決まっている」という既成概念に凝り固まった世界から、「本当はこうありたい」という理想概念への瞬間移行。その理想概念も月日の経過と共に既成概念となっていく。

常に脱皮現象を繰り返すことが人生の醍醐《だいご》味《み》なのだ。

夢・実現のヒント❺

Bad News よりも Good News を信じてみよう。

第6の法則

未来に意識を伸ばす

喜び、感動、充実感の先取りにより深層意識が動く。

深層意識は「もうそれが起きたのか？　起きてないのか？」の判断がつかない。

感じることで、「起きたこと」として処理されるのだ。

感じるということは、「そのことが起きることを受け入れる準備」ができたことになる。

これは偉大なことだ。

「そんな凄いことって起きるのかな？」という疑いが、何かを実現させるときの最大の壁となっている。

あなたの人生、凄いことが起きることに慣れてください。

Episode 6

今だけが大切か

二〇歳のころの夢の中に、「毎日、旅して生きていきたい」ってのがあった。

今は実際、旅の中で生きている。

正確には旅の中の生活が人生になっている。

年間、多くて二〇〇泊……少なくて一七〇泊、ホテル暮らしという生活を一八年続けている※。

日本は北海道から沖縄まで。年間一〇回前後の海外※。

それが今では日常だ。（※本書、執筆当時）

夢って叶うんだなと思う。**願った通りの生き方、人生は日々、寄っていく。**

二〇代の後半のとき、あるセミナーに参加する。

そこでSさんという講師の方に絶大なる影響を受ける。

「タクミ君、ちょっとお話できますか？」

「はい」

急にSさんに呼ばれ、個人セッションが始まった。


「タクミ君は、近い将来、どんな現実を期待しているの？」

「はい！　本とか、自分の考え方を書いて出せたらいいですね」

「今書いているのね？」

「いや、書いてないです」

今思い返すと、すっとんきょうな話だ。


「ああ、そうなの。他は？」

「絵とか……あの……個展とかできたらいいですね」

「それ、もう、描いてる？」

「いいえ、描いてないですよ」

「描いてないのに、描きたいの？」

「そうですね」

人の夢みたいなものはそんなものです。

「ああ、そうなの。じゃあ、目を瞑《つぶ》ってみて。あなたは本屋さんに行っています。そこでは、自分の本が平積みになっています。どんな気持ちになるかな？」

Sさんは、優しくイメージを誘導してくださった。

「もう最高ですね。凄い、ボクの本が……こんなところに出ているよ」

「他には……」

「自己紹介するときに、ボク……本とかも書いているんですって言っています。ニマッ！」

「ＯＫ、ばっちりね」

「問題ないですか？」

「はい、問題ないですよ」

「あとはどうしたらいいのでしょうか？」とボクは方法が知りたかった。

「もう、ばっちりじゃない。要は、本がホントに出したいんじゃなくって、その気持ちを手に入れたいんでしょ。その気持ちを手に入れるために本が出したいわけよね」

「ああ、そうです」

「もう、今味わったじゃない。もう叶ったのと一緒じゃない」

「ええっ？」

ビックリした！　そ、それが答え。

「そんなのインチキじゃないですか。実際に叶ってませんよ」

「違うのよ。**その気持ちを感じて、味わって生きているから、現実が後から追いついてくるのよ**」

斬新《ざんしん》だった。

新しい考え方に触れるとドキドキする。

このお話はその匂いがムンムンだった。

「じゃあ、『ハッピー!!』『本が出せて嬉しい!!』そういう気持ちでずっと生活していると、『本を出しませんか』ということになったりするわけですか」

「そうなのよ」

わかったような、わからないような……不思議な気持ちだった。

が、それがずっと心に残っていた。

たまたま友達と飲んだとき、「なぜ、UFOは瞬間移動するのか？」という話題で盛り上がった。

「A地点にあるUFOの場所に、B地点の磁場を作ると、B地点にすぐに行ってしまう」と友達が論じはじめた。あの話を思い出した。

もう既にそのことが起きた気持ちを先取りする。

するとその現実が後から駆け足でやってくる……。

じゃ、それを応用して、仕事もうまくできるかな？

目標を立て、それを日々の努力でやっていく。

そのやっていくときの気持ちが大切なんだ、きっと。

「やるぞー！」と意気込むのもよいが、「その目標が達成できた喜びと、それがもう達成し、馴染んだ、豊かな気持ちを満たしながら」日々、行動する。日々、生活する。

もう達成した自分で判断する、選択する。

「もう達成した自分で朝、歯を磨く。電車に乗る。ご飯を食べる。人に挨拶《あいさつ》する。

商談をする」


そんな一年を続けてみた。

人間モルモット状態。自分を実験台にし、試してみた。

その試す一年は非常に楽しいものだった。

新しい価値観との出合いほど心を喜ばせてくれるものはない。

新しい視点で見るから、全てが全部、変わってしまったみたいだ。


「最近、話し方が変わったね」

「声が変わったね」

「物腰が変わったね」

「顔つきが変わったね」

……と言われるようになった。

結果として、目標は達成された。

ボクにとって大きな達成だった。

自分史的に偉業だった。


凄い！　やった！　叶った！　これ、魔法じゃないか!!

……と思った。

何か他のことで試してみたいって思った。

この魔法（？）を自分の中で確立させたかった。


じゃあ、次は何になろうかな。

心に浮かんだのは「本を出版してみたい」だった。

あのとき、Sさんに夢を聞かれ「本を出版したいです」と勝手に口に出た、それになろうと思った。

その日からボクは作家になった自分で生活しはじめた。

「作家はホテルにカンヅメだろう!?」と浮かぶ。

ま、そのことに素直に生きるのが魔法のお約束だ。

儀式みたいなものだって言い聞かせ、そうしてみた。

ホテルに部屋をとって、Ｍａｃを持って、籠《こも》って、書いた。

今まで、学校の読書感想文以上に長い文章なんか、書いたことがなかった。

その感想文だって、四つ下の妹の作文を写して出していた。

人生で一番長い文章を書いた。

書き終わって数週間後、ある人が友達のＭさんと楽屋を訪ねてきてくれた。

「はじめまして」

「はじめまして。あ、何やってる方ですか？」

「出版社やってます」

えっ？　て思った。

来たっ！　て思った。

「勤めてるの？」

「いや、自分でやってます」

「凄いですね！　ボクも出したいな」

「何か書いてくださいよ」

「もう書いてあるんだ……」

「えっ、書いてあるんですか？」

「そう」

「じゃ、それ送ってください」

原稿をファックスで送ったことから、ボクの作家生活は始まった。

それから、九ヶ月後、書店に初めてのボクの本、『人生はピクニック』が並んだ。


やっぱり、魔法だった。

意識の手をすっと未来に伸ばしていく。

そのとき、起きてほしいことが起きているさまを見て、感じる。味わう。その満たされた気持ちを持って、毎日を生きる。
すると、深層意識がそっちへ導きはじめる。

ボクたちは何者にもなれる無数の扉に囲まれている。
ただ、そうなる自分を許していないから、疑っているから、他の扉が見えない。
見えても、信じられないから、扉を無視してしまう。
そうなる自分を疑っているから、怖れを感じてしまう。
そして、また昨日と同じ扉を開け続けてしまう。
人生はそうなることを許した分だけ応えてくれる。

夢・実現のヒント❻

凄いことを
受け入れる準備ができたら、
もうそのことは
起きはじめている。

第7の法則

自分をワクワクさせる

成績が悪いとヘソを曲げたり、目の前の仕事や勉強が大変だと嘆くより、さっさと好きになり、そのことを楽しもう。ワクワクがあれば全てがパラダイスだ。人生にはややもするとすっかり暗黒の世界という扉があちこちでぽっかり口を開けている。起きてくるいろんな事象にどんな意味を与えるかで扉は消え、逆にパラダイスへの扉が開きはじめる。

進むべき道に壁が現れたなら、慌《あわ》てるなかれ。
その壁を越えることより、その壁を作った自分の心に問題がある。

ワクワクとそのことを楽しむ。
それができたなら、頑張った自分を褒めてあげるシステムを自分で作るといい。
ボクはそれをご褒美《ほうび》システムと呼んでいる。
自分で自分をワクワクさせる罠を作るんだ。ワクワクするから道が開けるんだ。

Episode 7

どんな自分で生きたいか

中学生になったころのボクを思い出してみる。
学生服を着て頭を丸めると、絵に描いたような中学生にボクはなった。
自転車で田んぼの間を抜けて学校へ行く。
毎朝、どの道が近く、何分で到着できるかを一人で競《きそ》った。
新記録を達成するとこっそり喜んだ。

隣村と一緒になるためクラスの数は四つに増えた。
隣村の人たちは垢《あか》抜けて見えた。
ちょっとしたコトバの違いが気になった。

文化の交流だ。**違う文化に出合って化学変化して、新しいものを創り出す。**

ボクは影響された。違った価値観の世界に住む人たちに評価されたいと思った。

父母と一緒にいる時間が減った。極端に減った。

沢山の時間を一緒に過ごせる弟、妹が羨《うらや》ましかった。

ボクは家族っていう共同体から半分だけ外に出た。


小学生のとき、ボクは学校で一番足が速かった。町内大会で三位になったこともあり、中学生になると野球部ではなく陸上部に入部する。

今考えると、あれはストレス解消手段だった。

毎日、新しくガリガリと刺激を受け、削りカスみたいなものが心のあちこちに散在しチクチクと痛みを与えた。

その削りカスを一掃するためにボクは毎日グラウンドを走った。

疲れ果てて、くたくたになりたかった。

思考の向こうまで一度行って、ヘロヘロになって帰ってくると、スッキリすることを知っていた。

新しい環境に呑み込まれるようにして、時間が過ぎていく。
対応するのに必死だ。全く違う時間の流れにあたふたしている。
ボクはギリギリだった。勉強にも新しい生活にも半歩遅れていた。

「友達なんかいらない」とも思った。
それまでの牧歌的な時間など、どこかに行ってしまった。
逃げ出したいと言って、泣いたりしていた。

一学期が終わると夏休みだ。
ボクは成績不良者として夏休みも補習のため、学校へ通った。
初めて感じる劣等感だった。
勉強はできるほうじゃなかったけど、そんなに悪いと思ってなかった。

集まっているメンツが、またまたボクをガッカリさせた。

その苦さがボクをやる気にさせる。

猛烈に勉強を始めたのもこれがきっかけだった。

学校が終わるとへとへとになるまで走り、家に帰ると飯を食い、仮眠を取る。

夜中に目覚めるとガリガリと勉強をした。

努力してやっと人についていける程度だけど、勉強した。

穴の空いた靴で走ると靴下が汚れる。

母が気づいた。

「あんた、靴！　破れているやろ？」

「破れてない！」

「靴下見たらわかる！　買ってあげるから言いなさい！」

「破れてない！」

「それぐらいのお金はあるから言いなさい！」

「じゃ、自己新記録だしたらねー！　それまで靴下なしで走るから」

親にお金を使わせたくなかった。ボクなんかの欲を満たすために、あんなに一生懸命働いている親のお金を使いたくなかった。

ボクの家の家業である真珠養殖の仕事はきつい！

子供のときから手伝っているから知っている。

肉体労働だ。時間が数珠《じゅず》つなぎになって、延々と黙々と続けなくてはいけないタイプの仕事だ。

それを毎日やっている父母のことを思うと胸が張り裂けそうになった。

だから勉強でもスポーツでもいいから一生懸命やりたかった。

家族みんなが頑張っているんだから、ボクも頑張りたかった。

一生懸命頑張っていると父母と同じ世界にいるようで癒された。

何か許されたような気持ちになった。

中学一年生の最後の試合、ボクはバトンを落とし陸上部の顧問《こもん》と口げんかになり退部する。そして、中学二年生になると、ボクは野球部に転部した。

野球部に入るなりレギュラーをいただく。

球拾いを一年間続けた同級生には、あまりよく言われなかった。

途中入部でいい思いをしてしまった。

持ち前の足を活かし一番という有り難い打順を得る。

毎日、曇り空のような気分の一年生時代と何かが変わりはじめていた。

成績も中より上になり、ボクの心の安全地帯は広がりつつあった。

中学二年生になる春。理科の非常勤講師のY先生の家に遊びに行くことになった。

独特の空気を発し、学生たちの評価は賛否両論。「あの先生、苦手」っていう仲間たちから、「人生観まで変わった」と言いはじめる者まで。

綺麗なお姉さんと歩いていたとか、本当は理科の先生じゃないらしいとか、いつも話題には事欠かない先生。

色白でギリシャ彫刻のような顔立ち。

パワーも勢いもあり、Y先生はいつも少しイライラしていた。

その様子は危なっかしい感じにも取れる雰囲気だった。

積極的過ぎる生徒との関わりが他の先生からの渋いおコトバになったりもした。

グラウンドに車を持ち込み、ヘッドライトを点《つ》け、陸上部の選手をコーチしていたことがある。

次の日、学校では大問題となり先生は叱《しか》られたみたいだった。

授業中も興奮し、声がひっくり返り、笑う生徒を睨《にら》みつけた。

いつも情熱的で行き過ぎな先生だった。

その先生に春休み、時間のあるときに家に遊びに来いと言われた。

小学校から一緒だったN君とボクは先生の家を訪ねた。

「お、今日だったか？」

先生は二日酔いで寝ていた。

学校で見る先生とはどこか違う。

そこにいるY先生は営みの中のひとりの人間だった。

ヌルッと起き上がる姿は、どこか酔っぱらった侍《さむらい》が床《とこ》から抜け出してくるような印象を与えた。

その姿に驚いただけではなく、先生の部屋に驚いた。

ボクの勉強部屋と変わらないか、狭いぐらいの部屋にベッドを置き、それ以外は全て本だった。四面が本で埋め尽くされ、古本屋のようだった。


「先生、これ、全部読んだんですか?」

「ああ。面白いものは二、三回読んでる」

テレビドラマのように頭をくしゃくしゃにし、気づくと先生はパジャマからカジュアルな格好に変わっていた。

その格好も学校にいるときの先生ではなかった。

この人は先生という仮面を被《かぶ》っている人なんだ。

誰もが生身の人間で、それぞれの役割を担って生きている。

その役割を演じているその人と、素のその人のギャップにときどき驚く。

中学生だったボクたちは確実に驚いた。


「本を読むのって面白いですか？　ボクなんか罰ゲームのような気分になります」

「本は学ぶことが多いんだ」

「散歩でも行くか？」と先生は歩きはじめた。

酔いどれ侍の後をボクとN君はついていく。


春の空はどんより曇り空。

海は堤防を相手に荒ぶれていた。

風は潮を含み、生暖かく頬をベタッと舐《な》める。

「君たち英語、勉強せいよお」

「は、英語っ？」

「おう」

「苦手なんです」

「それじゃいかん」


この国しか知らない人間はつまらない。

世界へ出ろ。


もう目の前にそんな時代が来ているという話をどこか寂しそうに先生は目を合わせることなく、海を向きながら話した。

続く身の上話はこうだった。

「俺は商社に内定もらってたんや。今ごろ、海外で仕事をしている予定やったんや」

「先生は、なんで先生になったの？」

「親やな。親の反対やな。地元へ戻ってこい！　ってな。だから俺は田舎で教師や。まだ、採用もされてないけどなあ」

そのときの先生の目がキリリとしていたか、後悔の色をしていたのか子供だったボクにはわからないが、この話が春の鈍空に合い過ぎて怖かった。この人は傷ついているって本能的に感じた。

この街を出ないといけないって教えてくれたのは、この先生のコトバかも知れない。

出ていかなかったひとりの大人が傷ついている事実を知った。

ボクはもしかしてもの凄く小さな世界に生きているんだろうか？

ボクはそれにも気づかないぐらい小さいんだろうか？

となると、ボクもそしてボクのまわりにいる人たちも、小さい世界しか知らない人たちということになる。なんか先生と話していて怖くなった。

一番に始めないといけないのは、知ることかもしれない。

「ボクは何も知らない！」ってことを知ることだ。

目の前にある平和な枠や柵を乗り越えて、知らない世界へ出かけていって、無知な自分とご対面。


大恥をかいて、出直して、また大恥をかく。

自分ってちっちゃいなーって思う時点から人は大きくなりはじめる。


世の中って大きいんだ、世界って大きいんだ、自分って小さい存在なんだって気づくから、心が大きくなりたいって求めはじめる。

自分以外がみんな知っていることがあって、初めて自分は無知なんだって気づく。

人生最大の発見は自分の知っていることはほんの一部だって気づくこと。


出てってやる！　と思った。

ボクには帰る場所がある。だからこそ出ていくべきなんだ。

打ちひしがれても帰ってくる場所があるから、出ていける。

出ていく怖さと、居残る怖さの綱引きだ。

帰ってこられる場所があるなら、出ていく怖さを選ぼうって思った。

中学二年生のころのボクにとって、「本を読め」「英語を話せるようになれ」「世界へ出ろ」というアドバイスはなぜか突飛《とっぴ》に感じた。

そんなことを言っている人、実現している人がまわりにはいなかったからだ。


「ふーん」と聞き流してしまいそうな情報、「自分には関係ない」って処理してしまう突飛な情報がやってきたとき、あなたはどう対処していますか？


ボクは「なるほどねー！」と一度、受け止め、この後の人生、この情報がボクとどう関わっていくのか覚えておこうって心に記憶させる。

そして、何かあるたびに思い出しては、懐かしんだり、学んだりしている。

夢・実現のヒント❼

突飛な情報を無視してはいけない。
それらの情報は、
道を間違えず進んでいくための
ヒントだから。

第8の法則

憧れる成功者に会う

あなたの中の「成功者」っていうコトバが持つイメージはどんな感じですか？

仰々《ぎょうぎょう》しく、偉そうで、ギラギラしている感じですか？

成功者ってきっとこんな感じと勝手に醜《みにく》いイメージを持っていませんか？

それらは富や名誉を手に入れる恐怖感が創り出した虚像かも知れない。

もしかして、それらがあなたの壁になっていませんか？

成功への導きをしてくださるメンターはいますか？

憧れる力は能力を開花させてくれる最大の力だ。その人のコトバに感動し、その人の行動に憧れ、その人の存在自体が勇気になる人を持っている人は強い。

迷ったときに相談することができ、その人を思い出すだけで怠惰《たいだ》な自分を奮い立たせ、ずれかけた自分の軸をチューニングしてくださる人を持っている人はしなやかに進んでいくことができる。

人生の師、仕事の師、男としての師、女性としての師、父母としての師、複数の師を持つこともいいかも知れない。そんな人がいる人生に感謝し、精進《しょうじん》し、前に進み続けたい。ボクにとっては、Kさんがそういう憧れの人だ。

Episode 8

メンターは誰か

仕事を始めて、Kさんの存在を知る。

ボクはただ遠くから眺めて、講演を聴き、メモを取り、日々の活動に活かしていた。Kさんのスピーチはユニークでスペシャルだった。

聞いた端から元気になり、興奮し、幸運が転がり込んでくる勢いだ。

何しろ存在自体が完全に圧倒的だった。

見聞きしたスピーチを真似て友達に話すと……。

「最近のタクは変わった！　素晴らしいよ！」と絶賛される。

「いえいえ、見聞きしたことを真似て話しているだけだよ！」と弁解。

しかし、何かが伝わっている。

新しい生きるセンス、新しい考え方のメソッド、新しい自己表現。

Kさんは何かが違う。**その「何か」に皆が惹《ひ》かれるのだ。**

その「何か」が何なのかを日々、研究する。そしてまた、グイグイと惹かれる。

あるとき講演を聴きに行き、打ち上げパーティーに誘われる。

Kさんが間近に見られる！　と興奮した。

そのパーティーはホテルの一室が葡萄《ぶどう》園になっていて、みんなが生《な》っている葡萄の房を手で取り、食べるという不思議なパーティーだった。

部屋に設置された葡萄園に驚きの声を上げる人たちも沢山いたが、ボクにはそんなのどうでもよかった。Kさんを間近で見てみたいという思いでボクの脳味噌はパンパンだった。

どんな雰囲気の人なのか知りたい。
普段、どんな話をする人なのかを間近で体感したいという一心だった。

そんな折、名刺を渡せる機会をボクは得た。
緊張だー！　緊張だー！　チャンスだー！
「ヤマザキタクミと申します……」
「あっ、そう」ってことで、会話の機会を逃す。
うー、ボクってそうなんだよね。もー、そうなんだよね。
いつも、そー。いざってときにダメなんだよね。
と、自分を責める二一歳のボク。
パーティー中、ジッと見ていた。壁にもたれ見ていた。
傍目《はため》には危ない少年だったかもしれない。ジッと見ていた。

そして、パーティーの終わりにもう一度、名刺を持って挨拶してみた。

きっとボクなんか覚えてもらえてないだろう。


「あれ？　さっきも来たよね？」

ドキッ！！

「ヤマザキね」

ということで二度目の名刺がばれちゃって、赤面して全てが終わった。

何だかわけのわからない一夜だった。ただただ興奮した夜だった。

そして、次の日……。またもや講演会に参加し、花束を持って行った。

「あれ？　ヤマザキ、来てたの？」とKさんに言われる。

ビビビッ……！　と電気が体中を走る。

ボクのな、名前を覚えてくださった。もー、有頂天で講演の内容なんて上の空。

「頑張る！　頑張るぞ！」と高まる鼓動《こどう》と一緒に決断を固めた。


そんなことがきっかけで、少しずつ直接、お話を聞ける機会が増えた。

それは世にも贅沢なことで、成功のエッセンスがたんまりだった。

学ぶべきことが脳味噌から溢れて、慌てて拾って脳味噌へ……だった。

あるとき、「そんなヤツは成功なんかしない！」とある人に中傷された。実は、これが結構こたえて、ボクはフラフラだった。

ボクの浮かぬ顔を察して、Ｋさんが「どうしたの？」と尋ねてくださった。

「そんなふうに言う方がいらっしゃるんですけど、ボクはどうでしょうか？」

「わしは、ヤマザキのこと、上玉と思うけど」

「えっ？」

「いやあ、わしから見ると、ヤマザキは上玉だよ。凄いことになると思うよ」

その「上玉」っていうコトバが、胸に響いた。

今まで曇っていた胸の内は何だったのか？

Ｋさんのひと言で爽快《そうかい》のピーカンになった。

「ホントですか？」

「いや、ヤマザキは成功すると思うけど」

それが、えも言われぬ自信につながっていった。

成功を本気で志すが故、心の芯は実のところ臆病者だったボク……。

あたたかいものが広がった。


大学をやめるときもそうだった。

既に在学中に仕事は発展し、大学卒業の意味を感じなかった。

「たとえ、卒業して世の中に出たって、今取っている収入すら得られない。もう相当収入があるのに、大学卒業という肩書きとか、名誉のため、徒に時間とお金を使うのはやめよう」。そう思って、学校をやめることにした。

両親に言うと、母はショックを受けた。

「お願い！　大学だけは卒業して！　教員の免許だけは持って帰ってきて！」

鼻水と涙で、切願された。

実際、あの時代に大学中退は親の顔に泥を塗ることになった。

近所の人たちに何て言えばいいの？　と嘆くのも当たり前の時代だった。

母はちょっと取り乱し、父は、ツーッと一本だけ涙を流して、こう言った。

「わしたちの時代にもチャンスというのを掴《つか》んで成功した者もおる。松下幸之助とか、本田宗一郎とか、とてつもない成功者が日本にはいる。しかしながら、わしは、そんなチャンスを掴んだことはない。しかし、タクミは掴んどる。やってみろ。その代わり、錦《にしき》を飾るまで三重の地を踏むな」


次の日、ボクは広島に戻った。

それを見届けて、両親は車を走らせ東京へ向かう。

なんと、Kさんの家へ向かい、Kさんに直談判《じかだんぱん》しに行ったのだ。

親としては、コトバでは息子にああ言ったものの、心の芯から納得ができていなかったんだろう。

息子の尊敬するKさんの意見を聞いてみたいと、勢いで田舎を飛び出したのだ。

両親はいきなり、Kさんの家の呼び鈴を鳴らす。

「お菓子だけ持って参りました。御連絡もせず、その、無礼ながらいきなりやってきて、お会いさせていただくというのは、当然、無理なことです。それは仕方ないことなんで、お菓子だけお届けにあがりました」

偶然、Kさんが出てこられ、優しく言ってくれたらしい。

「どうぞ、どうぞ、お上がりください。今日は、お母さん、お父さん、どうされたんですか？」

「いや、それが、うちの息子が大学をやめると言ってて、何とか、Kさんに止めてもらえないかと思いまして、伺《うかが》いました」。両親は、一生懸命訴えたらしい。

Kさんは、力強く、言いきってくださった。

「お宅の息子さんは、成功しますよ。とてつもない成功をすると思いますよ。私も、今ちょうど海外から帰ってきたばかりで、親を連れて行ってたんだけど、必ずお宅の息子さんは成功されて、家族を旅行に連れて行ったりするようになりますよ」

「ええっ、そうですか。うちの息子は、なりますか？」

あっという間に、ボクの両親は納得してしまい、気づいたらKさんの大ファンになっていた。


Kさんのアドバイスは、生活の中にもイッパイある。**生活全てが成功発想なのだ。**

ハワイで一緒に買い物に行っていたとき……。

「Kさん、どっちがいいと思います？」

「迷ったら、両方よ」

「あっ、はい！」

迷ったら両方!!　凄い。


ミラノの一流店に行ったとき……。

「Kさん、ボク、何買ったらいいですかね」

「大丈夫よ、ここにあるのは、何を買ってもいいのよ」

「そうですよね」

ナチュラルで当たり前だけど、見逃している本筋にいつも気づかせてくださる。

「Kさんがある程度成功して、初めて手に入れた高価なものって何ですか」

「うん？　タクにとって、幾らからが高価なの？」

なるほど!!　その基準が変わっていくんだ。

「初めて買ったのは、ベンツで……」みたいな答えをくださると思い込んでいた。

発想が違う。


Kさんは、やる気にしてくれるのではなくて、発想のベースにある世界観・価値観を変えてくださる人だ。


会うたびにそのエッセンスをいただき、人生は楽しいものになっていく。

いつも驚くのは、不思議なほど会うことで元気になれるのだ。

次第に、まわりから、「凄いユニークな発想をされますね」「面白い発想ですね」とボク自身が言われるようになっていった。

それがまた、面白かった。社会に通用していく自分というのが、凄く面白かった。

自分が話すことによって、みんながメモを取ったり、「今日は良かった。わかった!!」「学べました」という感想が嬉しかったのだ。

「成功する秘訣は何ですか?」と、ボクはKさんに真剣に聞いてみた。

「物事は原因と結果だよ。まず、結果を先に決めて、その原因になることを探し、やるだけだよ」と答えをいただいた。

Kさんは一瞬で人を魅了するエネルギーの持ち主。

人を喜ばせたり、常に人の心を救うことができる機会をKさんは見逃さない。

だからみんな、気持ちよく根こそぎ心を持っていかれる。

ボクはそんなKさんにいつも憧れている。

夢・実現のヒント❽

素敵な成功者に
もっともっと会ってほしい。
そして彼らに
魅了されてほしい。

第9の法則

逃げ道を確保しておく

自分にプレッシャーをかけ、追い込むことで道が開けるという俗説がある。

本当にそうなのだろうか？

プラス思考だ！　前向きに！　暗く考えるからダメなんだ！　うまくいくって思いなさい！

……って言われても、腰が引けるのが人間だ。

なぜ成功していく者たちは明るく、爽《さわ》やかにチャレンジできるのか？


ボクの場合は逃げ道発見法だ。逃げ道があるなら堂々と正攻法でやっていける。

逃げ道を考える者は弱気だと思うように、いつの間にか教育されていないか？

逃げ道は重要だ。最悪の場合、これこれは守れるってのがあるから本気のチャレンジができる。

怖れることなく、全身全霊で立ち向かっていけるのだ。

逃げ道を確保したチャレンジだから、道は容易に開けてくる。

Episode
9

臆病な心と、どう向き合うか

大学へ進むとき、ボクはあえて生まれ故郷の三重を離れ、広島大学へ進むことにした。

ボクが広島に出て行くとき、家族会議で揉《も》めた。

これは高校を選ぶときと全く同じ質の揉め方だ。

親は自分の目の届かないところへ行ってしまう息子に不安と寂しさを感じていた。

当たり前の親のあたたかい愛である。

「あんた、何が不自由で外に出て行くの」と母に言われた。

「いや、違う、幸せなんだよ」

ボクは母に言った。

「幸せだから、ボクは怖い。こんな幸せな環境で育っていたら、ボクはデカい人間になれないかもしれないと思ってしまうんだ。温室育ちになってしまうかもと思うから……いつでも帰ってこられる環境があるからこそ、ボクは勝負したいんだ。ダメだったら、いつでも音《ね》をあげて、帰ってくるから」

「また、そんなこと言って」

「いや、これが帰ってこられる場所のあるヤツの強みなんだよ。だから勝負させて！」


それがボクの考え方。

ボクは臆病なのかも知れない。

でも、臆病を克服しているほど人生は長くない。

その臆病な心とどうつき合うか？　が生きる極意だ。

逃げ道がある人は強い。
逃げ道があるからこそ正当な選択ができる強さを持っている。

逃げ道っていう最終手段があるから、保険をかけているようなものである。
だから、実際選ぶ選択肢に逃げ道を内包させなくていいのだ。

臆病なボクでも逃げ道があるから勝負できる。
「言っていることはわかるけど、ボクは臆病で……」と選択できないのは、最悪のときどうするべきなのかを考えることができていないからだと思う。

最悪の場合に対してのアイデアを考える。
それが発見できたなら逃げ道は確保できたと考えられる。
確保できたなら、正論でやるべき道を選択するのだ。

だから、東京に出てくる人にもこう言う。

「田舎があるヤツは、都会のど真ん中に住むべきだ！」

田舎から出ていく子って、やっぱりビビるから、

「ボク、東京にいるんだよね」

「東京のどこに住んでるの？」

「いや、東京じゃないんだけど……」みたいなケースが多い。


ビビる気持ちもわかる。だけど、田舎という帰る場所があるんだから、ボロい部屋でも小さい部屋でもいいから、都会のど真ん中に絶対住むべきだと思う。

勝負してダメだったら、潔く田舎に帰る。

それでいいと思うから、ボクは都心で家賃の高い地域を勧める。


ビジネスや人生でも同じだ。

心配ばっかりして前に進めない。
臆病な心のせいにして前に進むことを拒《こば》んでいる。
その臆病な心があるから危険が回避できるんだ。

世には臆病な心がないが故、突撃し、撃沈し、自己破壊型の生き方をしている人が沢山いるのだ。

その臆病な心を働かせ、最悪時の対処法を見つけるのだ。

そして、正当な手段で前に進んでいく。

夢・実現のヒント❾

最悪の事態を想定し、それが起きたときの打つ手を持っておこう。

第10の法則

ゴールを意識し続ける

単に「結果を出す」ことと、「結果を出し続ける」ことではやり方が違う。

頑張り続けるには、頑張りを続けていくための方法論がある。

成功もそうだ。「成功する」と「成功し続ける」は方法が違う。

「勝つ方法」と「勝ち続ける方法」が違うように。

ある程度、結果が出たなら、次に結果を出し続けていくことに着眼するべきだと思う。早く結果を出したい。ゴールへ向かうスピードをアップしたい。

だからこそ単純に、どうすればうまくいくかを考え、一日に多くのことを解決していけばよい。

故に、一日に沢山の仕事やアポイントを入れる。

しかし、一個一個の仕事がバタバタしていては仕事の精度は落ちてしまう。

たとえ一日に沢山のやるべきことがあるとしても、一つひとつの仕事を優雅にゆったりとこなしていく必要がある。

まわりより少しだけ早取りし、まわりより少しだけゆったり行動する。

そうすることで魔法の時間が流れる。

Episode 10

なぜゴールが見えないのか

二三歳のとき、こんな悩みにぶち当たった。
頑張り続けていくことで、日々やっていることがある程度かたちになりはじめた。
「やるぞ！」の気持ちも二年半、途切れることなく続いている。
少しずつ、いろんなことがわかりはじめてきた。
そのころ、いろいろわかればわかるほど、悩みや問題は少なくなると思っていた。
しかし、人にとって悩みなど消えることはない。
成長のレベルにしたがって悩みも質を変えながら成長していく。

背が高くなった分だけ前の高い壁が見えてくるっていう法則がある。

小さな器なら悩みも小さく、大きな器だからこその悩みもある。

「象を入れることはできるか？」と悩めるだけの大きな器ということだ。

悩みの大きさが自分の大きさ。悩むべき問題を受け入れよう。

自分はある程度の結果が出るようになったが、ボクの仲間がそこまで成長してこない。

どうやったら仲間が結果を出せるようになるんだろう？

どうしたら浅い成功ではなく、深い安定感のある大きなものになるのだろう？

試行錯誤し、画期的にうまくいく方法が見つかることもなく、ある結論に辿り着く。できている人に聞くしかない。


Aさんは、大きな組織を持つスターだ。Aさんの持つ雰囲気にまわりが呑み込まれるほどの存在感を常に持っていらっしゃる大成功者だ。

ある飲み会のときに、そのチャンスは訪れた。

「Aさん、組織を大きくしたいんですけど、どうしたらいいんですかね？」

ボクは思いきって聞いた。


「意識すること」


Aさんは淡々と答えた。

「意識……、意識って何ですか？」

「そうしようと思うこと」

「いや、そうしようと思ってできないから、なんでならないのかなあと思ってお聞きしているんですけど……」

「意識すること」

Aさんは、また、はっきりそう言った。そして、話題は違う方向に行ってしまった。ボクは、ポツンと取り残された。

意識すること。

意識するとは「そうしようとする」こと。

そうしようと思っているんだけどな。

そうしようと思っているけど、ならないから聞いているのになあ。


意識すること。

意識するとは「そうしようとする」こと。

ずっと自問自答を繰り返してみた。

暗闇の奥底から光が一閃《いっせん》して放たれた。

あ！　わかった！

「そうしようと思う、思いが弱いんや」

今考えると、弱いだけじゃなくて、もっと長い期間において思わないといけないんだとわかる。

もっと強く思わないといけない。
思い続けないといけない。
そのことを忘れてはいけない。

五年間思い続けていても、酒の席のときだけ、そのことを思い出す人っている。そうじゃなくて、絶え間なく思い続けること。

「いいですよね、そういうふうになって。なんでそうなったんですか？　秘訣は何ですか？」。沢山の人が、成功者に秘訣を問う。

秘訣はある。しかし、その秘訣を聞いた人がなるほどと言って、その秘訣をただ実践してみても、そうはならないと思う。そのベースにあるものは、「そうしたい、そうなりたい」という思いをずーっと持ち続けることなのだ。

「そうなりたい！」だけの、情熱的で突き上げるような思いだけだと、その気持ちを長く持ち続けられない。

疲れたりして、バーンアウトというか、息切れというか、そんな結末が待っている。

何かをこうしたいと思ったときに、そうしようと思うこと。
意識し続けること。
意識されたことによってこの世は成り立っている。
意識の世界は偉大だ。

頭の隅のほうに、二年間、常にある状態。
だからこそ、好機を逃さない。
インスピレーションが突如降りてくる。
動物的なカンが働く。
あることに気づく。
見逃さない。
方法論が閃《ひらめ》く。

……などなどの小さな、あるときは大きなことが積み重なり達成がやってくる。
鋭い一撃で達成されるものではなく、現実に長時間、面で当たっていくような努力が必要な気がする。

人間の「思う」という力は才能だ。
その「思う」ことの連続。「思い続ける」ことの奇跡を体験してみてほしい。

夢・実現のヒント⑩

この世は「思い」によりできている。
「思い」の大きさにより
具現の度合いは違ってくる。

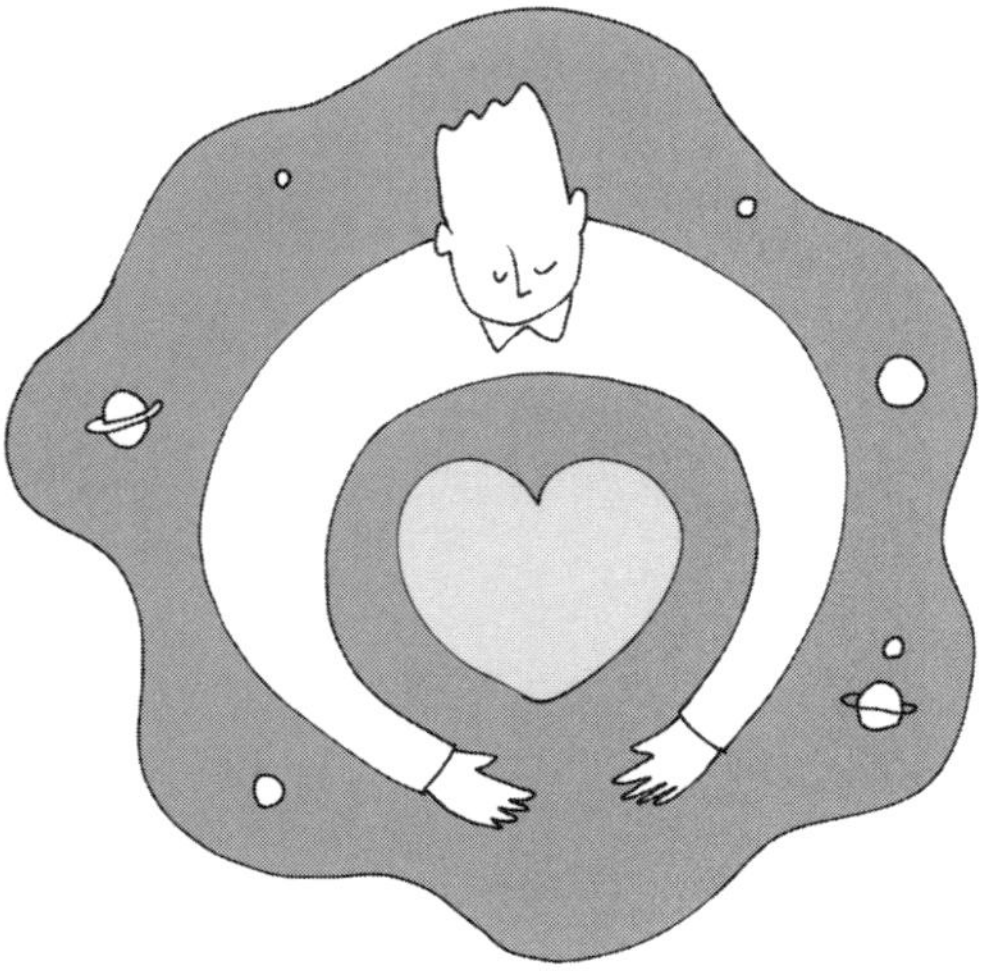

第11の法則

目の前の意味を変える

目の前のチャレンジ、その結果にはこだわるべきだが、こだわり過ぎると恐怖感に変わってしまう。

何でも、さじ加減が大切なのだ。
その恐怖感を緩和《かんわ》し、最大限自分のピークパフォーマンスを引き出す方法としてリラックスが求められる。

しかし、リラックスを心がけてリラックスした状態が作れるなら苦労はしない。
どうすればリラックスした、良い状態で自分の実力が発揮できるのだろう？
それは、そのチャレンジに一体、どんな意味を与えているかが決め手だ。

Episode
11

達成した先に何があるか

中学三年生の秋になると受験の空気が校内に漂いはじめる。何か重い空気に全員の念力で立ち向かってる感じがするぐらい、クラスの中もキリキリしはじめた。

そのとき、ボクはある私立高校に受かった。初めに特待生のコースを受けたら、落ちた。落ちたけど「お金を払うんだったら、受験クラスに入れますよ。かつ、勉強して優秀だったら、途中から授業料は免除しますよ、どうされますか」というコースに受かった。

その私立高校は丸坊主がルールだった。それが一番哀しかった。

が、受かってしまうと「それもまたいいか!?」と思うようになる。

「もう、公立高校とか、受けるのやめようかな」と、だんだん思ってきた。

もう、この高校に決定してしまえば受験勉強しなくていいんだと思うと、一気に気持ちは固まった。この憂鬱《ゆううつ》な毎日を終わりにしたかった。

それで、職員室に行って、先生に相談のフリをして報告に行った。

「先生、この私立に決めようと思うんですが、どう思われます?」

「受験クラスだし、いいんじゃないの」と担任の先生は言ってくれた。

「ああ、そうですか」

なぜかホッとした。もう勉強しなくていいんだって思うと笑みまでこぼれた。


そのときだった。

前の席のT先生が、いきなり口を挟む。

少し体格のいい、眼鏡の女性教諭。漫画に出てくるタイプだ。

「タクミ、あんた公立高校、受けるの怖いの？」とひと言。

彼女は、触った。

「そこを触ったら許さんぞ」っていうボクの心の場所をまさに触った。

「こ、怖くなんかないですよっ！」

きっとボクの目は彼女を睨んでいただろう。

「あんた、怖いんでしょ。何、ビビってるのよ」

「ビビってないっすよ」

「じゃあ、受けなさいよ」

「ああ！　受けますよ！」

「先生、ボクが受けられる学区の公立高校の中で一番難しいのはどこですか？」

「あなたが受けられる範囲で一番難しいのはこの高校よ」

「それ受けますわ」。気づくと、ボクは啖呵《たんか》を切っていた。

そこから、もう、バカなほどの勉強が始まった。一日四時間以上は当たり前。

そのキッカケは、T先生のひと言「あんた、怖いの？」。

確かに怖かった。ボクは受験っていうプレッシャーにもう負けていた。

それが一気に発憤《はっぷん》したのだ。

勢いで決めた、その高校は、何と下宿が必要な学校だった。

遠くて、通うことはできない高校。

「下宿かあー！　一人暮らしかー！」


そのとき、既に、どこかで目標がすり替わっていた。

最初は、先生のひと言に腹が立って、その高校を受けることを決めたけど、頑張った理由は、「これ受かったら、下宿だ！　一人暮らしだ！」っていう、ワクワク感だった。

「一人暮らしが始まる、楽しい」

あっという間に、その先生の鼻を明かしたいという気持ちもなくなって、「楽しい、憧れの下宿生活」というイメージで、ガーッと勉強していった。

勉強で疲れたときにも、「これ受かったら、下宿だぞ!!」と、自分を励ました。

そして、結果的に、その高校に受かってしまったのだ。喜びは絶頂に達し、「ボク、来春から一人暮らしなんです！」とみんなに言ってまわった。

ボクが受験校を変更したのは、机越しのT先生のひと言がきっかけ。

今では、そのひと言に感謝している。

やればできる。ボクはさらに自信を深めることができた。


こうして、ボクは、一五歳から一人暮らしを始めるようになった。

今振り返ると、一五歳から一人暮らしをするという行為の、メンタリティに与える影響は本当に大きかった。

何もかもが自由だから、自分で自分に対するルールを作っていくことを習慣づけさせてくれた。ボクは、きっと、人より早く自立できたと思う。


下宿も決まり、自転車も買ってもらい、学校までの道も覚え、家財道具を揃えてもらい、ボクの新しい生活が始まった。
高校生になるという不安と期待、一人暮らしを始めるという不安と期待、知らない街で暮らすという不安と期待……全部が一緒くたに心の中で踊り狂っている。

進んだ高校には同じ中学校出身者はいなかった。
ボクの過去を知る者は一人もいないのだ。
ボクはどんな人間にもなることができる自由を得た。

どんな自分で過ごそうか？
どんな自分で過ごしたいのか？
どんな自分で在《あ》りたいか？
自問自答は続いた。ある意味のセルフプロデュース初体験だった。

ボクは陸上部に入る。

中学時代、ある意味、走ることに燃え尽きていたボクは、それほど自分に期待はしていなかった。

第一、ボクの進んだ高校は進学校だ。

仲間たちはスポーツ重視の高校を選んで進学していった。

到底、歯が立たないのでは……って諦《あきら》め半分のモードだった。


練習に参加してみた。

たいした練習じゃない感じがした。

でも、二年、三年の先輩に勝てなかった。

この程度の練習じゃ試合で勝てない。

その程度の練習しかしていない先輩に勝てないボクはもっとダメな存在だった。

100m、200m、400m、800m、幅跳び、三段跳び、やり投げ……いろんな種目を試してみた。

やりたい種目の選択基準は「全国大会に行ける可能性があるもの」と限定される。

もし、陸上競技で見つけられなかったらバドミントン部への転向を考えていた。

我が校のバドミントン部は強く、全国大会へ行ける可能性を感じていたからである。

とにかくどんな方法を使っても、どんな種目でもいいから全国大会に行きたかったのである。

そして、それもダメだったら早々に切り上げ、受験勉強をするって決めていた。

きっと、まわりからは奇妙なヤツって思われていたか、お遊びでやっているって思われたと思う。

でも、**やってみないとわからない。試してみないとわからないって自然に思った。**

100m、200m、400m、800mはガッツリと力の差を感じた。

幅跳び、三段跳びはお話にもならなかった。

野球で鍛えた肩もやり投げには向かなかった。

が、最後に試した400mハードルで手応《てごた》えを感じる。

走り終わったとき、酸素不足のボクの心は苦しみながらも笑っていた。

「これはいける！　これなら全国大会に行ける！」と心の底で叫んでいた。

その手応えはコーチも同輩も誰も気づかない、ボクだけの手応えだった。

まさにチャンスの発見だった。


400mハードルは厳しい。

まあ、ビックリするぐらい苦しい種目。

400mという長い距離にハードルが一〇台並ぶ。

ハードルとハードルの間は35m。

奇数歩で走れば踏切足は同じだが、偶数歩だと踏切足が反対になる。コーナーにもハードルは置かれるわけで、左足踏切の人は遠心力で外に体を振られる。

ボクはラッキーにも右足踏切で得をした。

しかし、左足踏切が苦手で常に奇数歩で走ることを強いられた。

ま、とにかく400mという距離は過酷だ。

「なんで、こんなものが得意なんだー」と天を仰《あお》ぐこともあった。

初めは強くなっていく自分が面白くてたまらなかった。

二年生のときは三年生に交じり三重県大会で六位に入賞し、東海大会へ出場。

二年の冬、ボクはＴ先生の門を叩く。

近くの中学校の教諭であり、三重県の一般の４００ｍハードルの覇者《はしゃ》。

強面《こわもて》で、存在自体が豪快で、不思議なユニークさを醸《かも》し出している先生と噂だった。

「なんで高校生が中学生の練習に加わりたいんだ？」

聞いていた通り強面だ。

「強くなりたいんです！」と、爽やかにボク。

「ま、加わって勝手にやってくれ」とお許しをいただく。

数回目の練習参加で、ボクはT先生に魅了されていく。
豪快に見えるが、実はかなり細部にわたりT先生の意図が感じられる。
練習も破天荒《はてんこう》だが、最新の運動科学の知恵を感じた。
「知りたい」と思った。
速く走るための秘訣だけではなく、T先生の教育方法にも魅了された。

「泊まりに来るか？」
「え？　いいんですか？」

飯を食べに行く。焼き肉屋さんだ。
テーブルに届いた肉をグニュグニュ混ぜて全部を網の上に盛り上げる。
「下の焼けたのから食えよ」ってニマッって笑う。豪快なのだ。
先生の家にお邪魔した。
不思議な緊張を感じた。

「先生、奥さんは？」

「今、産まれたばっかりの子供の調子が悪くて病院に付き添っているんだ」

「そうなんですか？　いいんですか？　ボク、お邪魔して……」

「ハハハッ！」。至って豪快だ。

「さ、風呂に入れ！」


風呂から上がると先生は電話で大笑いしていた。

東京のW大学だった先生は東京のコトバで話していた。

どうやらスポーツメーカーに就職した友達と話しているようだった。

「そうか……強い選手はスポーツメーカーがスポンサーにつくのか……」

「先生、グラウンドにいるときと違うなあ。東京弁しゃべっている」

「W大学って頭がいいんだなー」

云々《うんぬん》かんぬんとボクの頭の中は忙しい。

ボクはどんどんT先生に引き込まれていく。

「おー、上がったか？　寝るぞ！　明日も朝練だ！　五時に起きる」

「え？　五時っすか？」

「そーだ！　寝ろ！」

「はい！」


その晩、先生のお子さんが亡くなった。

豪快な先生の複雑な目を見て、ボクは何を言ったらいいのかわからず狼狽《ろうばい》した。

人は誰もが一人ひとりの人生の物語の主人公で、笑いもあれば涙もある。

なぜかそんな重大な夜、脇役としてボクは先生と時間を過ごした。

ボクは魔法にかかったようにT先生の世界へ心酔《しんすい》していく。


それから何度も何度も泊まりに行く。

何度も何度も練習に参加する。

少しずつ教えてくださるようになる。

陸上競技と、生きるってことを。


ボクの走りは前半からぶっ飛ばすパターンだ。

ドンッ！　とスタートすると、スルスルスルと一台目まで加速する。

ここで息を止めてはいけない。

ここで吸った酸素をレース中に使うからだ。


向こうストレートは加速し、得たトップスピードをキープしながら流れるように走る。スピードは落とさず、エネルギーを温存するのだ。

向かい風のとき、不調のときは歩幅をやや広めに取る。

決められた歩数をどんな状況でも守りながら今日の最高を目指すのである。

第3コーナーに入る。200m地点だ。

ここで後半の体力切れを予感して弱気になってはいけない。

皆が不安に陥るここで力を入れ、他を引き離すのだ。

体力を使った戦略的心理作戦だ。

当然、疲れが出はじめる。

歩幅が短くなりハードルと踏切足が合わなくなりはじめるのだ。

合わなくなる前にピッチを変える。二歩増やすのだ。

問題が起きてしまってからの対処は対処ではない。

問題が起きる前に対処するから対処なのだ。

このとき大切なのは、今までのリズムで二歩増やすと失速してしまう。

二歩増やすハードル間はリズムを変えるのだ。

パッパッパッと走ってきてハードルを越える。

その後、パパパパパ……とスイッチ。

「パッパッパッ」から「パパパパパ……」なのだ。

第4コーナーにさしかかる。ここからは気力だ。
腕は鉛《なまり》のように重くなり、足は思うように動かない。
苦しい。厳しい。
目から光が消えたら疲労の壺の中に引きずり込まれる。
「勝つ！　勝つ！　勝つ！」の戦うモードで困憊《こんぱい》する心を奮《ふる》い立たせる。
「負けられない」のだ。

ゴールまで辿り着く。
ボロボロに疲れ、弱った体をゴールまで届ける。
興奮し、奮い立った心が休むことを良しとはしない。
咳き込むほど空気を欲しがる肺へ生暖かい気体が吸い込まれる。
乳酸に侵《おか》された筋肉が悲鳴を上げる。
痙攣《けいれん》ではない。
筋肉も空気を欲しがっているのだ。

この状態を「神の領域」とボクは呼んでいた。

神が「これ以上来るとおまえは死に近くなるぞ！」と線を引く。

それを少し越える。

だから人より速い。

だから厳しい。

線の向こうは神の領域なのだ。

この厳しさを陸上競技経験者はきっと知っているはずだ。

三年生になるとボクは三重県大会で一番になった。

一番であることは嬉しかった。

嬉しかったが、走るのが怖くなりはじめていた。

「タク、今やめれば、一番の山﨑で終われるぞ」みたいな悪魔の囁《ささや》きが自分の内から聴こえてくる。

「うー、走りたくない」

「でも、出るからには、勝たないといけない」

走りはじめたヨーイ・ドンから五〇数秒後には、間違いなく、苦しいところにいる……肉体的にも精神的にも。

とにかく、走るのが怖くなった。


悩んだ。

いや、考えた。

このつらさはボクだけ？

本当に強い選手はどんな強靱《きょうじん》な精神力を持っているの？

それとも特別な考え方があるの？

そんなものがあるなら知りたい。

ボクは、T先生の教え子たちに、そっと話を聞きに行った。

彼らは、年下の中学生。だけど、恥ずかしいとは感じない。

ボクは、ただただ知りたかった。


「ちょっと、君」って、中学生の100mの選手をつかまえた。

「T先生に、走る前、どう考えるように教えられてるの？」

「『神様、勝たしてください』ってお祈りするのではなく、『神様、何も応援していただかなくてよろしいです。だけど、このレースが終わったときに、一個だけ次への練習への課題をください』ってお祈りして、走るようにって教えてもらってます」


ボクは正直、ビックリした。

ガツンときた。

想像していたのは豪快な精神論。

目の前に現れた謙虚で力強い思考方法にたまげた。


神に勝つことをお願いするのではなく、次の試合までの課題発見を願う。

今、目の前の大切なレースをそうセッティングすることで、余計な恐怖心や過剰な勝ち急ぐ力みを排除していく考え方に痺れた。

過剰に勝ちを懇願《こんがん》し、怖くなっていた。

過剰に勝ちを懇願し、自分を見失っていた。

この考え方は陸上競技だけでなく、日常生活にも忍び込んだ。

人生は続いていくのだ。

「今」「今」「今」の連続体が人生だ。

あまりにも大切な「今」にこだわり過ぎて焼きされてしまいそうなボクがいる。

「おーっと！　危ない！　危ない！　ここから次への課題を学ぼう」って思うようになる。

「今の努力」の報酬《ほうしゅう》としていただける「未来を飛躍させるヒント」。

チャレンジし、課題を手に入れ、次のチャレンジが待ち遠しくなる。

またチャレンジし、課題を手に入れ……。
もう、チャレンジは怖くない。
その後、東海大会でも二位に入り、その時点で全国高校ランキング八位に躍り出た。
念願のインターハイ進出。
ランキングベスト10入り。
夢が叶った。

目の前には壁が存在していた。
確かにボクが前に進もうとするのを拒絶しようと存在していた。
しかし、その壁に与えている意味を変えると、壁そのものの存在が消えた。
「勝たねばならぬチャレンジ」と意味を与えていると……。
「勝つことへの恐怖」として壁は存在する。
「次のレースまでの課題発見の場」と意味を与え直すと……。
「学ぶことへの喜び」として壁は姿を変えるのだ。

夢・実現のヒント⓫

困難をものともせず越えていく人たちとの差は、力の差ではなく、心の視点の違いだったりする。

第12の法則

学べる環境をデザインする

自分より優れた人間に会うと、自分と比べ萎縮《いしゅく》したり、自分を卑下してしまったり、嫉妬《しっと》する人がいる。もったいないことだ。

ボクは逆だと思っている。


自分より優れた人たちに囲まれて、その人たちの影響を受け、自分を成長させていくことが何よりも大切だ。

自然と目や耳に入ってくる情報に影響され、知らぬ間に自分が成長していく人的環境を整えることが大切だと思う。

お山の大将になるのではなく、常に学べる環境を持っている人は強い。


人間は環境の動物だ。

そして、その環境を選ぶセンスが人間の才能だ。

そうやって、ボクは自分の環境を作ってきた。

Episode
12

誰と、どこに立ちたいか

高校二年生になったときにボクは下宿を変えた。

当時、近くに大学ができ、新しく下宿を始める民家が続出していたのだ。

ある年老いたおばさんと娘、その娘の息子の三人家族の離れを借りることになった。洗濯とご飯をお願いし、快適な一人暮らしが始まる。

ボクが通っていた高校は驚くほど下宿生が多く、一学年に一三〇名ほどもいた。

学校よりもこの下宿生たちのコミュニティが楽しかった。

先輩、後輩あわせて四〇〇名ほどの下宿生のほとんどは門限を持っていない。

「今日はどこに行く？」

「あの先輩の寮に行ってみる？」

「買い出しに二四時間スーパーに行くけど何かほしいものないー？」

「ビール買ってきてー！」

「あれ？　今日はあいつは？　何してるんだろう？」

「ダメだよ！　今日、あいつんところ、彼女が来てるみたいだよー！」

高校生なのに大学生みたいだった。

自由だからみんな自分のルールを持っていた。

学校も欠課数と欠席数を数えながら通った。

そんなある日……。「ヤマザキさん、母屋《おもや》を増築してもっと下宿生さんに入ってもらおうと思うんだけど、どうかしら？」と下宿先の娘さんから、申し出があった。

「そうですか？　誰が入るかによって下宿の雰囲気は変わってきますから……ボクに選ばせていただけませんか？」とボクは下宿生の審査委員に立候補した。

選択基準は、ユニークで魅力的で個性的であること。

「この人といたら学べそうだ」と思えるみんなが集まった。

食事のときの会話が面白い。

「田中角栄の残した日本への影響、その意味は何だと思う？」

「それは○○だ！」

「いやいや□□だ！」

「第二次世界大戦の日本のミスは……」

「いや、それはそうでなくて……」

と、みんなの会話は弾《はず》んだ。

ボクはついていくことができず、まるでテニスの試合を観戦するがごとくキョロキョロ。口にするのは合《あい》の手だけで、ただただ感心するばかりだった。

「なんで、みんなそんなにいろんなことを知っているの？」と聞いてみた。

「やっぱり本じゃないですかね？　ボクは本から得ている知識ですねー」と後輩が答えた。

「なるほど。本ね……」

中学二年生のときのY先生の部屋を思い出した。

「そーか。本を読まなきゃ！　世界に出ないと……」

学校帰り、下宿に直行せずボクは本屋へ向かった。

「うー！」

何を買ったらいいのかわからず、下宿仲間を連れてもう一度本屋さんへ。

「これ、いいですよ！　あと、これ！　あ、これも！」

「これ全部読んでるの？」

「この辺にあるものはたいがい読みましたねー」

「……」

少しずつだけど、ボクも本を読むことが習慣化していった。

春に川の氷が解けて流れはじめる瞬間がある。
急に生命を宿して動きはじめる。
不意の出来事やコトバが何年か越しに舞い戻り、心を痺れさせてくれる。
知的好奇心を刺激してくれる仲間との生活は楽しかった。
誰かが失恋すると、集まり……相談に乗る。
誰かの彼女が帰ると、集まり……のろけ話を聞く。
誰かが勉強がわからなくなると……誰かが教えてくれる。
とにかく語り合った。
そんな仲間も、ある者は外科医に、ある者は海外へ、ある者は教育者になっていった。

ボクは、将来は教員になるんだって思っていた。

体育の先生になり、いい陸上選手を育てるんだって胸を膨らませていた。

高校三年生のときに国体選手に選ばれ、飛び上がるように喜んだ。

「お！　箔《はく》が付いた。これで将来、説得力のあるコーチングができる！」って思った。

国体合宿に参加でき、まるで自分が一流選手の仲間入りをした気分だった。

有名で実力のある選手の間で練習できるだけでも興奮だ。

どこを観ても美しい。強い選手の動きは美しい。

感動の連続だった。


ホンモノに囲まれるって嬉しい。


そんなとき、M先生に呼ばれた。

M先生は三重県の陸上競技界で一番の大物先生だ。

先生に少しでも助言を受けると、その選手が見違えるように強くなっていくっていう話をいつも聞いていた。

「ヤマザキは大学に行っても陸上をやるんか？」

「はい。やります」

先生から声をかけられただけでも嬉しい。

心は舞い上がり、体は緊張でカチコチだった。

「ああ、そうか。ヤマザキは努力でもってきた選手だから、努力を怠《おこた》るな」

「はい」

ボクは元気にそう答えながらも、ショックだった。

「努力なんだよなあ。センスじゃなくて……」

わかっていたことだ。わかっていたことだけど、哀しい。

いや、努力できるってこともセンスのひとつだ！　と慰《なぐさ》めてみても哀しいものは哀しい。

ボクは努力を積み上げてきた選手なんだ。

だから、努力を怠ったらダメなんだ。

また、「ただの普通の人」になってしまうんだ。

他人様が一〇回やってできるところを、ボクは一〇〇回やって、やっとできるのかも知れない。

だったら二〇〇回やって、人の倍の結果を出すぞっていう気持ちがどこかにある。

「できるか？ できないか？」ではなく「できるにはどうするか？」である。

「できるには、ボクにはどんな努力ができるか？」なのだ。

M先生のコトバは刺激が強過ぎたけど、ボクは自分と努力のいい関係を見つけたのだと思う。

努力はボクを輝かせてくれる媚薬《びやく》で、好き好んでやっていくべき道なんだ。

だったらそれを楽しんでやるって思った。

だって、それがボクの才能なのだから。


「努力家」って恥ずかしいって思っていたところがある。

もっとスマートにセンス良く、汗をかかずにって思っていた。

今振り返ると滑稽《こっけい》な気がする。

努力し続けるには、そのことを好きになるのが近道だ。

「努力家が皆、成功するわけではないが、成功者は皆、努力家だ」というコトバを以前、聞いたことがある。「飽《あ》くなき追求」が道を開く。

あなたの心はどんな心を持った人たちの群れの中にいるだろうか？

魅力的だなと思える人たちに自分が囲まれているなら、それは極上の心的環境だ。

それらは、生活を通し、会話を通し、じんわり、じんわりと影響を与えてくれる。

その影響はあからさまなものではなく、ゆっくりと本能に効いてくる。

ふっと気づくと、自分がとてつもなく大きく変化していることに驚く。

そのとき、あなたの可能性は既に実力となり、能力は生活の習慣となっている。

夢・実現のヒント⓬

あなたのまわりに素敵な人たちを集めてみよう。

第13の法則

自分の心の声を聞いてみる

自分に瞬間瞬間、「何がしたい？」と聞いてみる。

「こっちに行ってみたい」
「少しここで休みたい」
「目を瞑っていたい」

ボクたちは大半の時間、自分の気持ちを無視して、もしくはそれに背《そむ》いて行動してはいないだろうか？
自分にとっての無二の親友、生涯の友である自分の心との対話が欠乏してはいないだろうか？

Episode 13

その人生を歩んでいくのは誰か

二五歳のとき、「旅に出よう」と決めた。
「今、本当にやりたいことって何だろう？」って思った。
未来のためだけに今を無視して走り続けていたボクが一瞬、立ち止まって考えた。
その瞬間、やりたいことに対して素直に生きていけたら最高だろうなって思った。
無期限で日本を気ままに旅することにした。
旅用に買った車に最小限の荷物を載せて。

二二歳のときから、二ヶ月に一週間、年間六回ぐらい海外へ行っていた。
二四歳のときからは、毎月、海外に行っていた。一ヶ月のうち、三週間は日本で働いて、一週間は海外へ行くっていうペースが楽しかった。

そのころのボクはヒップホップダンスに魅了されていた。毎月の一週間の海外滞在も積極的にダンスのレッスンに当てていた。

今回の「無期限、日本を気ままにの旅」は、今までのものとは少し違った。初めて神様からいただいた夏休みだった。

九月一日に、三重の実家を出発し、風の吹くまま車を走らせる。

「気をつけてね！　手紙をちょうだいね」と母。

「携帯電話あるんでえ！　いつでも電話してね」とボク。

「ハハハッ！」と大笑いから、その旅は始まった。

初めは鳥羽《とば》の港からフェリーで伊良湖《いらご》に渡った。

習いはじめたばかりのサーフィンをやってみたりした。

もう少し車を走らせ数日間、静岡の海を中心に旅を進めた。

毎夕、少し寒いって感じる。

夏の最後の大暴れの隙間で秋は確実に領域を拡大していた。

「ん？　夏のシッポって掴めるかな？」

テーマは、「夏のシッポをつかまえる！」になり、次の日から南下が始まる。

名古屋、大阪、岡山、高松と足を延ばし、福岡、宮崎と進んでいった。

各地、各地の美味しいものを食べ、その地方の仲間と酒を飲み、新しい友達ができ、すっごく楽しい毎日だった。

聴く曲に飽きると車を停め、CDを山盛り買いあさり、次々聴いている間に一〇〇キロ、二〇〇キロが後ろにすっ飛んで行った。

「〇〇へ行ったら？」と地名のキーワードが耳に入ると、ニヤリと笑って次の日からその街を目指して走り出した。

ちょうど、ジェームズ・レッドフィールドの『聖なる予言』みたいに、「人間すごろく」状態だった。

要は、出てきたコトバで、次の行き先を決める。

なぜか自由爆裂でヒゲなんか伸ばしたりしてみた。

「タク君、宮崎行ったら、いいやん」

「なんでですか」

「いやあ、面白いところだよ」

「はい、わかりました。じゃあ、行きます」

それで、宮崎。宮崎で、サーフィンにはまった。

サーフィンしながら、地元のサーファーに言われた。

「種子島《たねがしま》、行ったらいいよー！」

「種子島？　出た！　はい、わかりました。種子島」

「屋久島《やくしま》もあるよ」

「はい、わかりました。屋久島も……」

地名のコトバが出てきたら、その地名の場所へ行くっていう旅。

だから、出てこなかったら、ずっと、何週間もいる。

出てきたら次に行く、出てきたら次に行くっていう旅。「明日、どこ行こうかなあ」「今日、どこ泊まろかなあ」っていう、着の身着のままの旅。一泊一〇万円ぐらいの高級ホテルから、一泊三五〇〇円二食付きの釣り人の宿まで泊まった。

二ヶ月近くそうやって旅していると、伸びきったゴムみたいになってしまった。

毎日面白いことばかりしていると、面白くなくなってくることにショックを感じた。

「ああ。遊んでるだけじゃ退屈だあ。やっぱりワクワクには緊張感が必要だあ」と目の前の海に白状した。

南の島も夕方になると秋が忍び込んだ。

遂に種子島で夏はボクにシッポを掴まれる。

ボクは旅の終わりを宣言した。

「熱帯魚を遠くまで運ぶには……」という話がある。

飛行機で運ぶときに、水槽の温度を調整して運んでも、目的地に到着する前に、熱帯魚の大半が死んでしまう。

「酸素かな」と、ブクブクブクブク酸素ボンベを使っても、やっぱり、大半が死んでしまう。「エサかな」と、エサを厳選しても、やっぱり、死んでしまう。

しかし、あるとき、ある運搬方法を試したところ、大半の熱帯魚は死ななかったという話だ。

さて、どうしたのか？

答えは……一匹だけ、この熱帯魚にとっての天敵を水槽に入れること。

熱帯魚が必死に逃げまどっている間に、目的地に到着するというのだ。

ある程度のストレスは、幸せに関係しているのかも知れない。

そんなことを二五歳のときにボクは知った。

贅沢なお話だ。その旅が贅沢だというのではない。

旅は、それまで頑張ったことに対する神様からのご褒美だ。

では、何が贅沢？

遊びだけの人生はとっても退屈で、仕事だけの人生も退屈。

それを二五歳の若さで知れたことが贅沢だ。

それはその時期、体験による大きな学びであった。

仕事と遊びのバランスが幸せの源《みなもと》になっていることを学んだ。

どちらに片寄っても不健康な心の状態になってしまう。

やるべきことの合間にやりたいことを挟み込む。

成功してきたら、やりたいことの合間にやるべきことを挟み込む。

要はそのバランスなんだってことを、二五歳の年齢で知ってしまった。

あの旅っていうのは、今考えても、凄く価値のある旅だったなあ。

夢・実現のヒント⑬

「今、何がしたい？」「今、どう感じている？」「今、どう思った？」自分自身と対話してみよう。

第14の法則

思考のテーマを変える

お金持ちになりたい。
有名になりたい。
出世したい。

人の欲はつきないものだ。
それらは、その人の持つ恥と反対方向にある心の安堵《あんど》の価値観なのだろう。
我が母は、ボクに「ええ男になれ」と要求した。
この「ええ男」が持つ意味に、持つ響きに、ボクは目を醒《さ》まされた。

Episode 14

使命は何か

ビジネスをスタートして二年が経ち、ある程度自信を持ちはじめた。がむしゃらに頑張っていた自分にもいくらか心の余裕が出て、少し周囲の風景も楽しめるようになりだしたころ、母はボクにこう言った。


「いやー、あんた見てると細い男やわ！」

「細いって、太らないの！　食べたって！」

（当時のボクは食べても本当に太らなかったのだ（笑）。）

「そういう意味じゃないの。男として魅力がないってこと！」

「細身はダメ？」

「違う。あんたに男としての魅力がないってこと！」

「はっ？　何それ？」

突拍子もなく母の説教が始まった。

しかし、こんなときの母のコトバは案外、当たっている。

「太い男にならないと、お母ちゃんが女として見てても、カッコええなあとは思えんよ」

「あっ、そう……太い男って何なん？……」

「現金やなあ。現金を持っとらなあかんなあ」

「現金っ？」

「何かあったときに、『ああ、そうか、それはしゃあないなあ』言うて、ポンとお金を出せるような男にならなあかんなあ。アンタ見てると、ようさん稼いで、端から端から全部使っていって。何か、太さを感じんなあ」

グサッときた。
母の言いたいことが心に染みた。
返すコトバは、ない。
母流の言い方の「カッコええ男になれ」ってことだった。

母の「太い男になれ、ええ男になれ」ってコトバは、常に、ボクに、「ええ男」って何ぞや、「太い男」って何ぞやっていうことを考えさせ続けてくれたし、今も考えさせられている。

この現実、とっても有り難い。
母には年の離れた兄がいた。
その兄は母の生まれた地域の若者を仕切っていた男らしい。

いつも着流しで、青白く、いい男で、大変沢山の男衆に慕《した》われていたらしい。
徴兵《ちょうへい》の命令が兄に下った。
そのとき、初めて洋服を身に纏った兄を見たと母が言っていた。
「あとは頼むぞ！」と若い者たちに言い渡し、兄は戦争に行き、帰らぬ人となる。
兄のコトバを聞き受けた若者たちによって、母の家族の生活は守られ続けたらしい。
母はその兄の姿をボクに求めているのか？
それがどうであれ、その母が言う「ええ男」を超えてやろうじゃないか。
自分の母が惚れるような男になったろうじゃないかって思った。
いい環境をいただいているなってつくづく思う。
人間は環境の動物だから、本当に有り難い。

親から「もっと勉強しなさい！」とか言われるんだったらヘソを曲げそうだが、「いい男になれ！　太い男になれ！」と言われ続ける環境は、相当素晴らしいのではないだろうか。

夢・実現のヒント⑭

「どう生きるか?」を思い考えることで、判断も選択も変わってくる。

いま、だからこその学び・3

四階建てのビルからの風景
――人によって変わる〝現実〟の見え方

コーヒーカップがある。一階から見れば四角く見えるかも知れない。四階から見れば、上から見るんだから丸く見えるかも知れない。

同じコーヒーカップでも、どの位置から見るかによって見え方は様々だ。

それと同じように、この現実も人によって見え方が違う。

そのことがわからなかったボクは仲間に対し、「なんで彼らは頑張らないのか？」「なんで途中で諦めてしまうのか？」と疑問に思ったものです。

強いることで人は動いてくれたりしない。そうすることで、距離を置かれてしまったり、離脱していく人がいることを思い知りました。

しかも、僕自身に「その人のためになっている」という善意があるから始末に負えない。

何とか辿り着いた答えは、「無理強いせずにその人の意思で動いてもらうしかない。苦しいながらもその人がやりはじめるまで待つしかない」ということでした。

そんなときに、友達のメグからマイケル・ベッグウィズのロジックを聞きました。四つの種類に人間を分けているテンプレートが秀逸でした。

マイケル・ベッグウィズは人間を四階建てのビルの住人に見立てて分類していきます。まずは一階と二階の住人から見ていきましょう。

人生は「何が起きたか」であると思っている『to me』と呼ばれる人たち（一階の住人）と、人生は「自分のチカラで開拓していける」と思っている『by me』と呼ばれる人たち（二階の住人）がいる。

『to me』（一階）の人たちは「良いことが起きると徒《いたずら》に喜び、悪いことが起きると徒に悲しむ」傾向があり、チャレンジを嫌う。

チャレンジをすると八割、九割はしくじるので「チャレンジなんかするから悪いことが起きる」と被害者意識を持ってしまう。

なので、彼らは往々にして批評家になりやすく、他者を査定したり、事なかれ主義に陥りやすかったりもする。

もし、あなたが一階の住人ならば、あなたにはチャレンジは求めません。

ぜひ、まわりを見渡し、既にチャレンジしている人を見つけてほしい。

そして、彼らのサポーターになってほしいのです。応援をする者として彼らに寄り添ってほしい。

それならば矢面《やおもて》に立つこともないので、十分、大きなチカラを発揮できる人が沢山いると思うのです。


二階の住人たちは「自分のチカラで（by me）人生を変えられるんだ」と思っている人たちです。目標を持ち、計画を立て、遂行していく。

目標とは「未来を変えるもの」ではなく「今の自分を変えるもの」なんです。今の自分が変わることで「人生が変わる」わけです。

トライアンドエラーを続け、前に進む方法、方法論を仮説してはその仮説を検証していく。

あるとき、真なる方法と出合い、飛躍的な進化を遂げる。そしてまた、トライアンドエラーを続けていくのです。

彼らが気をつけないといけないのは、当初「ワクワクしながらスタート」したものが、途中から「やらないといけない」という心のモードになり、景色がどんよりとグレーになってくることです。

すぐさま立ち止まり、心の中の旅行鞄をひっくり返し、「そもそもどこに行きたかったのか？」と自分と会話をする。そうすることでワクワクを復活させていく必要があります。

「どんな人生にしたいのか？」「何が起きたら素晴らしい人生と呼べるのか？」「なんで今、このことを頑張っているのか？」「どうしたらドキドキした毎日が過ごせるのか？」と。

自分の気持ちを雑に扱っていると、心に乳酸が蓄積し、動けません。「〇〇しなければならない」と思った瞬間に、自分の心をトリートメント、リペアする習慣をつけてほしいのです。

同じ症状になっている仲間をサポートすることができるようになるからです。

また、気をつけないといけないのは、二階の住人は、一階の住人を見つけると「君もちゃんとしたほうがいいよ」と言ってしまいがちですが（加害者になりやすいので気をつけて）、チャレンジを求めるのではなく、応援を求めてください。

「おチカラ、お借りできませんか？」と。

一階の住人と接するときは、寄り添うチカラが求められます。

答えを伝えることよりも、お話を聞いて、彼らがどう思っているのか？　どう苦しいのか？　何を考えているのか？　を傾聴する必要があります。

そのチカラを「ネガティブケイパビリティ」と言うようです。

一緒に底に着くまで落ちていく。それを「落ち着く」と言うようで、そこから彼らは自力で上りはじめます。

「やっぱ、がんばってみるわ」という言葉、それにも「そう思うんだね」と寄り添うことが大切です。

「でしょ！　はじめから僕はそう言っていたでしょ」などというアドバイスは禁物です。

一階の住人は、他者をサポートすることで、悪い習慣をやめ、他人軸で自分を判断している観点を手放すことができたら、新しい人生の展開を感じることができるかも知れません。


続いて、三階の住人とはどんな人でしょうか？

マイケル・ベッグウィズによると「サレンダーすること（諦めること）」と言われています。それはコントロールすることを諦め、流れに身を委ねるということです。

この階のことを『through me』と言っています。

自分を通して投影する世界が自分の世界だと。自分軸を手放し、脱習慣化を図り、フローやゾーンの世界に身を寄せます。

これに良いと思われるのは「体感を感じるワーク」です（この方法は「いま、だからこその学び・1」で書きました。25ページ参照）。

神社に行くなら、手を合わせ「お願いごとをする」（一階）、「やるべきことをコミットする」（二階）、「神様、私をお使いください」（三階）となります。

では、四階はどうなるのか?

四階の住人は『as me』と呼ばれています。

ここはボクもまだ完全には理解していない領域。

少し抽象的な表現になるけど、こういうこと。

「you are you as me」。「あなたは私としてのあなたです」＝「あなたは私です」の次元。

起きたことで優劣を判断する世界から、良いことを起こそうとする世界。そして、それすら私が投影しているものだという世界から、そんなことすら内包する「悟り」の世界と言えます。

「与えたものが返ってくる」ならば、この世は「ワンネス」と呼べます。生きている間にどこまで成長することができるのか？　誰もがもっとも興味を持っていることですね。

まず、自分が「何階の住人」なのかを把握してください。「仕事では二階だけど、恋愛は一階の住人だ」となる人もいるかもしれません。

こんな言葉があります。「世界は二つある。そもそも一つしかないと気づいたときに、二つ目が始まる」。見方によって見え方が変わるんだってことに気づくと、本当の人生の旅が始まるということですね。

第15の法則

身近な人の存在に感謝する

自分のベストを続けていくと、どこかでガツンと頭を打つ。

そんなとき、もう限界なのかと思う。

しかし、諦めきれない。前に進みたい。

考える、試してみる、もがいてみる……。

そうやって目指しているときにのみ、人格に影響を与えてくれる人や出来事と出会う。

出会ったことで何かが自分に足される。

自分に加わった何かは自分の中で化学変化を起こし、新しい自分に組み替えてくれる。


出会いは魔法だ。

凄いヤツと出会え！

刺激を与えてくれるその人を研究し、真似し、同化し、消化し、必要じゃないものだけ、自分の外に取り出せばいい。

Episode 15

人は一人でも生きられるか

中学生時代の陸上部のライバルD君。

D君は我が中学校、陸上部のキャプテンでエースだった。

ルックス、学力、学校での存在感……圧倒的にヒーローだった。いつもズボンにはアイロンがきっちりかけられていて、清潔感バリバリの素敵少年だった。

ボクは何かと彼と比べられ、まわりのちょっとした注目を二人は浴びていた。

三年生の春、彼は見事標準記録を早々に突破し、100mで全国大会への出場権を獲得《かくとく》。当然と言えば当然だったけど、ボクはちょっと嫉妬した。

「D君、おめでとう！」と口では言うものの、悔しかった。

彼は輝いていた。その輝きが「あれ？　タクは突破できなかったの？」と笑っているように見えた。

「タク！　惜しかったね！」とまわりに声をかけられるのがつらかった。

ボクは焦《あせ》っていた。ボクもD君と肩を並べたかった。


そんなある日、ボクはM君と出会う。

ボクと同じ110mハードルで輝く男の子。

ボクの住む地域より、完璧に都会派中学校の生徒。

かなり背が高い、一八〇センチは優に超えている。

顔が小さい。ルックスもいい。垢抜けた空気を纏っている。

頭も良さそうなM君だ。


楽勝で標準記録を破り、ぶっちぎりの優勝だった。

試合が終わり、ユニフォームからジャージに着替えているとき……。

「凄いね！」とボク。

「ん!? ああ。ありがとう！」

M君は話しかけられてビックリしている。

「標準記録、突破だね！」

おめでとうの笑顔、てんこ盛り。

「まーねっ」と自信満々で輝いている。

「でも、速いよね！」とボク。

「去年は中三に一人交じって全国三位だったんだ！」

「ギョッ!? そ、そうなの？ 凄すぎる」

そんな人、いるんだ。

そんな人と友達になりたい。

ボクの好奇心は大全開。

「電話番号とか聞いてもいいかな？」って気がついたら言っていた。

数週間後、ボクはM君に電話をした。

「覚えてる？　ボク……」

「あー！　タクミ？」

タクミ？　って呼ばれちゃって嬉しい！　と思った。

「だよー！　だよー！　元気？」

「ああ、元気だよ！　遊びにおいでよ！」

「ひぇ？　いいの？　行く、行く！」ってことで彼の住む街へ向かった。

「伊勢神宮へ行く？　五十鈴《いすず》川へ行く？　商店街も面白いよ！」って彼は伊勢の街を案内してくれた。

なんかそんな凄い友達ができてボクは鼻が膨らんだ。

「俺、河合奈保子が好きなんだー」ってM君が言った。

その日からボクも河合奈保子のファンになった。

それぐらいボクは小躍《こおど》りしたい気分だった。

ザクッ、ザクッと足元のＢＧＭを聞きながら。

会話が止まらないように、会話が盛り上がるように気をつけながら。

伊勢神宮の玉砂利の上を話をしながら歩いた。


「今年は日本一になるんじゃない？」

「そうだね。中学新記録を目指しているんだ」

「ギョッ！」

凄い。やっぱ凄い。そうだよな。そりゃ、そうだ。

ボクは心の中でブツブツ……。ドンドン魅了される。ドンドン。

「オリンピックとか行っちゃったりして～♪」

「目指しているのはソウルオリンピックなんだ」

「ゲッ！」

冗談でオリンピックを口にしている自分が恥ずかしくなった。

彼にとってオリンピックは目標であり、計画の中に組み込まれているのだ。

ボクは恥ずかしさが極まり、あたふたと次の場面に会話を進めたかった。

「アハハ。将来は110mハードルの日本記録保持者だね！」

「うーん。110mハードルじゃないかもしれないんだ。200、400mと距離を伸ばして、高校ではジャンプ力を強化するために三段跳びもやってみて、将来的には800mでオリンピックに行くかも知れないなー。今は一〇代だからそんなに肉体負担をかけないほうがいいから110mハードルを選んでるんだ」

アグッ。もう脳が痺れて炸裂《さくれつ》だ。

なんか見えているビジョンが違う。

いろんなことが一気にわかりかけて、思考の海で溺《おぼ》れそうだ。

「目の前の得意が人生の得意じゃないんだ」

「そう考えるのか？　積み上げていくんだな」

「じゃ、ボクはどうしたらいいんだ？」

「もっと沢山いろいろ知っている彼が今を選択しているんだね。ボクは行き当たりばったりだ」

「人生もそうやって考えているのかな？」

……一気に沢山、目指し方やその考え方が降りてきて受け取れない。

これは事件だった。興奮した。真似したいって素直に思った。

中学生という少年だったボクはガツンと頭を叩かれた気分だった。

目が醒めた気がした。

今っていう時間を積み上げて、未来を創っていく同じ歳のM君と出会ってしまった。

一日、一日……。一時間、一時間が未来につながっている。

急に毎日が大切に思えはじめた。

人生は人との出会いだ。

人生は考え方との出会いだ。

沢山の人に会えばいいわけではない。

希有《けう》で特異な考え方の持ち主と出会うべきだ。

何度かその種の人間に出会えば、匂いでわかるようになる。

そんな人間と出会えるのは何かを目指しているときである。

目指しているから人生観に影響を与えてくれる人と出会い、そんな考え方と出会う。探すのではなく、周波数を合わせる感じ。

目指すというのは素晴らしい。

その後、ボクの110mハードルの記録はビックリするほど伸びていく。

辛《かろ》うじて三重県大会でM君のすぐ後ろを走ることができた。

それがM君への恩返しだ。

東海大会、全国大会と経験し、たまらないほどの刺激を受けた。

時は流れて一九歳の冬、不思議な不安がボクを襲った。

「ボクはまわりから好かれてないんじゃないか？　嫌われているんじゃないか？」

っていう重い曇った気分がのしかかってきた。

何かしててもそのことが胸に浮上してくると、まわりが灰色の世界に呑み込まれる。虚無な空気が忍び込んで、華やいだものは瞬時に朽《く》ちていった。

いろんな友達の目の玉の動きが気になり、落ち込んだ。


「どこが自分のいけないところなんだろうか？」

「あんなことを言うからダメなのかな？」

「どうしてあの人は人気があるんだろう？　信頼があるんだろう？」


一緒にジョギングをしているO君にボクはこう切り出した。

「ボクって嫌なヤツじゃない？」

「急にどうしたの？」

「いや、率直に言ってみて！」

「いやー！　いいヤツだよー！」
「本当のこと言ってよっ！」とマジで迫ると……。
「だから、嫌なヤツだったら一緒にこうやっていないだろ！」と叱られた。

ホッとした。

そうだよな。**今ボクが直面している現実こそが、ボクの過去が作り出した、それ以上でもそれ以下でもないボクの答え。**

現実を疑うより、より良くなるにはどうしたらいいかを考えたほうがいいんだよなって思った。

あのころのボクの心はまだまだ幼く、自分自身をコントロールするのに手一杯だった。それが故に繊細に事象を捉《とら》え、よく悩んでいた。これが思春期なのかなって思った。

でも、このとき至った答えは心を安心させ、次へ向かわせる能動的なエネルギーを持っていた。

何度、友に救われてきたんだろう。

ボクたちは生きているだけではなく、生かされている存在だ。

それと同じく、前に進むだけではなく、進まされている存在だ。

自分のアングルからだと、この道は完璧に塞がれている。

前に進む自信も、能力もなくなってしまったように見える。

そんなとき、友の助言、助けによって何度自信を復活させ、前に進めたんだろう。


二二歳のときには、素敵なお姉様と知り合った。

彼女はヨーロッパ製の下着を取り扱う高級店を経営されていた。

「よかったらお店に遊びに来る？」とお誘いを受け、行った。

お店に入ったとたん、目のやり場に困る。何だかフリフリした素材のいい下着、とってもデザインのいい下着がボクを包囲している。

意識していないフリをしていても、妙に意識してしまう。

お姉様は、当時のボクには照れくさい見事なカップで紅茶を出してくださった。

そして、上品な趣《おもむき》でいろいろ人生についてアドバイスをくださる。

「タクミ君を見ていると楽しみよお。頑張りなさいね。絶対成功するわあ」

そのころのボクはビジネスを少しずつ大きくさせ、会社登記したばかりだった。

「**いろんな成功者を見てきたから感じるんだけど、組織を作る力が大切ね。組織を作り、機能させていく。でもね、壊れるときは外からじゃなく、内からよ。**覚えておきなさいね」

「どういうことですか？」

わかるような気がするが、わからない。暗号めいて聞こえた。

何かとっても大切なメッセージを受け取っている気がする。

「強いカリスマ性があって、組織はできていくの。その組織が外からの圧力、外圧によって壊れることってなかなかないのね。でも、その外圧によってその組織の長がちょっとグラッと揺れた瞬間に、中から崩れるときがあるの。外圧によって少し狂った統率力の隙間にクーデターが起きるのを何度も見てきたわ」

戦国時代の何か秘密が明かされている気分になった。

しかし、彼女はなぜボクにそれを……？

「**案外、人は身内や身近な人はわかってくれているから大丈夫と遠縁の人を丁寧にケアしがち。でも、遠くの人が翻《ひるがえ》っても遠いから大丈夫だけど、近くの人が翻ったら致命的《ちめいてき》なの。**だから近い人を大切にするのよ」

なるほど、と思った。でも、なるほどって思うほどわかったわけじゃなく、きっとこの人の言っていることがわかるシーンが人生に起きるんだろうなって予感がした。

「だからこそ、お母さんとかお父さんとかに、『おはようございます』や『おやすみなさい』って言うことができるリーダーじゃないとダメなのよ」

近い人に対する甘えが照れくささを呼ぶ。

ともかく、気がついたことからやってみることにした。

それから数年が経ち……ボクは家を建てることになった。二五歳になる春のことだった。

家を建てるってことは、これまでの人生を一度清算することになるって言われたことがある。

いただき過ぎている人は返す、いただいてない人はそれをいただくことになるっていう意味の清算。プラス3やマイナス2をプラマイ0にするってことなんだろう。

昭和一桁生まれの母は設計図を持って風水師を訪ねる。

「うちの息子が家を建てるんですけど、こういう設計図ですけど、いかがでしょうか？」

「ああ、ちょっとこの家、水の場所がよくないですね」

「ああ、そうですか」

「トイレの位置を変えなさい。だけど、息子さんは来年の五月に大変素晴らしい転機を迎えられますよ」

風水師はそういった。

もう一軒、心配性の母は次の風水師を訪ねる。

「ちょっと、水の位置が気になりますね。これ、一〇センチでも、二〇センチでもいいんで、ずらしてみてください」

「わかりました」

「しかしながら、あなたの息子さんは来年の五月、素晴らしい転機を迎えますよ」

母は帰ってくると、嬉しそうな口調で、ボクにこう言った。

「タク、あんた、来年の五月に素晴らしい転機を迎えるらしいわ」と、ニヤッと笑った。

二ヶ所で全く同じことを言われ、「来春五月人生好転機説」は完璧な確信を帯びていた。

その五月を、ボクは楽しみに待っていた。

そのころ、ボクは、仕事面ではいくつかの壁を迎えていた。

初めは無頓着《むとんちゃく》にせっせせっせと仕事を進めていたけど、凄い勢いで致命的な問題へと進化していった。

「ええっ！　マジで？」

いつしか、ボクのまわりでは、いろんなことがバタバタバタバタ起き出した。

とにもかくにも全てが消えるかもと思われる程のことが起きた。

精も根《こん》も果てた。

羽ももぎ取られた。

それがなんと、二五歳のその五月だった。

もっと頑張らなければ、もっと頑張ることが未来につながるんだ。全ての「今」を否定して、「未来」のために全てを注ぐというかたちで、ボクは頑張っていた。

その羽をもぎ取られたとき、「ええっ、何なのそれ!?」っていう気持ちと、どこかで、「やっと休める。ホッ!」っていう二つの気持ちが、ボクの中で交錯していた。

もぎ取られた羽は痛いけど、残った母体もある。

この母体を守り、育てよう。

じっくり時間をかけて。

そう思えたのは、あの高級下着屋さんのお姉様のコトバを思い出したからだ。

「いい？　組織が壊れるのは外からの力ではなくって、内からよ」

とにかく、今、自分のまわりにいる仲間たちともう一度心をつなぎ直そう。ボクは、そう誓った。

やっぱり、人生って、ゲームみたいなところがある。

生きるヒントをもらって、手元に残しておくと、ゲームの中盤でそのヒントが凄く効果的に働いたりする。

結果的に、内から崩れるということは起こらなかった。

「もしかしてギリギリだったんじゃないかな」って捉えている。

今も近くにいてくれる仲間に感謝してやまない。


うまくいっているときはいい気になってしまう。

いい気になって、大切な人に甘えてしまう。

もしかして、もう少し関係が悪かったら、クーデターが起きたりして、中から火が出たら大変だっただろう。そうしたら、やっぱり、組織は確実に壊れていく。

元々、自分のことをよく思ってない人って世の中には当然いる。

そして、自分のことを大切に思ってくれる仲間もいる。

時間と心をそういう仲間たちのために使っていく。

そして、「今」とか「自分」を無視する生き方はやめようと思った。

自分の人生にとって何が大切なのか?

かけがえのない幸せのための要素は何なのか？

ボクたちは幸せになるための努力を怠ってはいないのか？


それまでの見栄や変なプライドでもがいてはいけない。

真なる道を見失ってしまうから。


今は我慢だと二〇歳の終わりから二五歳までの約四年間……、ダーッと走った。

あの四年間の中では見つけられなかった、もう一つの大切なことに出合えたんじゃないかなと思った。

今振り返ると、そこからの数年間が現在の基盤を作ってくれた。

沢山の努力をし、勢いもつき、結果を出し……、そして、ガツンと頭を打つ。

ガツンと頭を打ったとき、改めて大切なことが何なのか考える。

そして、それを見つける。

そんなとき、人生の道は開ける。

夢・実現のヒント⑮

幾重にもやってくる
メッセージを聞き入れていけば、
人として実りの多い収穫を得る。

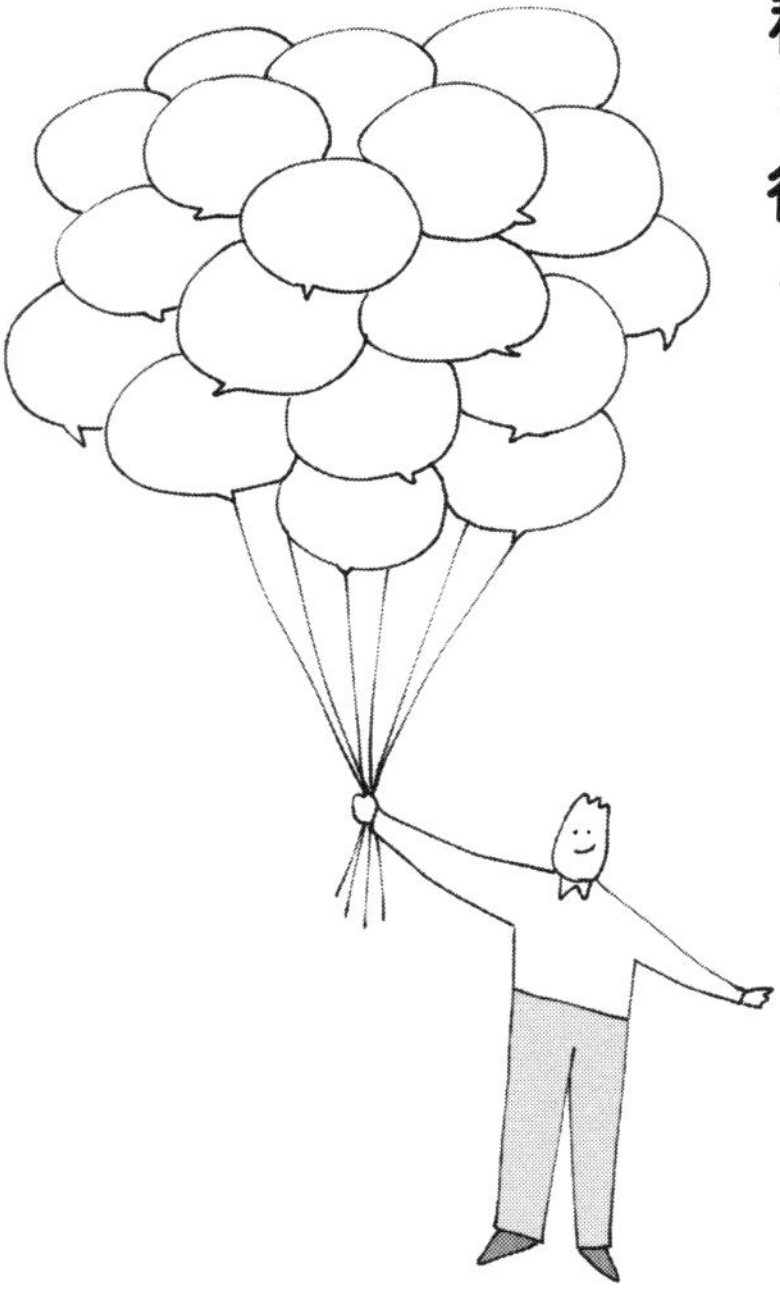

第16の法則

努力の質を変える

凄いと思われたい。

まわりに高く評価されたい。

有名になりたい。


これらがボクたちの向上していくエネルギーになり得ることもよくわかる。

が、これらには限界がある。

これらを求める心のコップが満たされると、すぐさま溢れ出し、カラフルだった風景から色を奪う。

凄いと思われる人間になる努力より、凄い人間になる努力を選ぶ。

まわりの人間にどう思われるかより、自分はどう在りたいかを考える。

有名になるより、自分らしさの探求を。

一見、同じような努力に感じても、努力の方向性が違うだけで、質の違う結果に結びついていく。

この違いに気づくとき、道は開ける。

Episode 16

人生の美学を貫けるか

ビジネスを始めたばかりのころ、ボクは、寝る間も惜しみ、食べる間も惜しみ、遊ぶ間も惜しみ、ワクワクしながら仕事に突っ走った。

まさしく飛ぶ鳥を落とす勢いで頑張った。

まわりの反響は様々だ。

「頑張るのはもっと大人になってからでいいんじゃない？」

……「常に人生の分岐点は足元の今にあるんだ！」と心の中で呟《つぶや》いた。

「今しかできないことってあるんだよ」

……「苦しみの先送りは嫌だ！　ボクはもうすぐに人生を始めたい！」と自分を励ました。

「お金に目がくらんだの？」

……「人が情熱を注ぐ姿を自分の物差しでしか測れない人がいるのかもしれない」と自分を諭した。

「最近、忙しそうだね。つき合い悪いよ」

……「失礼だが、彼らを普通の人たちと呼ばせていただこう」とボクの確信は揺るがなかった。

どんな雑音が耳に飛び込んでこようとも、それらは雑音の範囲内だった。

心躍るこの衝撃的な直感を現実のものにしたいと頑張った。

「本当の自由を手に入れるんだ！」と、自分と交わした約束はホンモノだった。毎日がワクワクとハラハラとドキドキの連続だった。


初めは散々な結果だったが、徐々に軌道に乗りはじめた。スッテンテンだったボクの心にも微《かす》かな自信が生じてきて、グングングンと結果が出はじめた。

「ボクって結構、いけるかも……!?」と成功の確信を掴みかけていた。


そんなある日、なぜかボクの心に闇が広がる。

ワクワクは一気にシューッと音を立て、見窄らしく萎《しぼ》んでいった。

やる気が出ないのである。

「おいおい、マジか？」と空中でエンジンが止まってしまった操縦士のような気分だ。

原因は心のどこを探しても見当たらない。病気で言うなら、体調が悪いのに病院に行っても「どこも悪くありません」と追い返される感じ。

決して仕事が不調なのではなく、やってきたこともやるべきこともキラキラしながら目の前に存在しているのである。

「あれ？　おかしいぞ……」と心に汗が滲《にじ》む。

誰の話を聞いても心は躍らない。

「今日はいい話聞いたなあ……これで好転するかな？」とひと安心するも束《つか》の間……。

心の中に起きた感動も闇にすぐさま養分を吸われてしまい、消えていく。

心が素になって、真顔のままビクともしない。

気分は伸びきったゴムのようにデレンと横たわっている。

ワクワクがエネルギー源だとわかっていながら、ワクワクの起動装置が壊れてしまったみたいだ。

しかも、まわりからは求められる。

「ヤマザキ君、調子良さそうだね～」

「はい！　やるしかないっすよね～♪　いや～、絶好調っす！」

気づかれないように「哀しい笑顔」を振りまき、帰ってくると妙な疲れがボクを苦しめる。

今までの元気の「特効薬」も「特効人」も効力が蒸発してしまったみたいだ。

それまでは何を聞いてもボクの心は反応し、高揚し、「よーし、やってみるぞ！」と行動に変わっていった。

頑張っていい結果が出ても、なんかイマイチ心が喜んでいない自分に驚いた。

「このままじゃ、ボク……ダメになっちまう」

思いあまって実家へ帰った。

当時、住んでいた広島県から三重県まで。

高校時代、陸上競技を教えていただいた恩師、T先生に会いに。

この状況を早く打開しなければ、大切なものが崩壊するような気がした。

頑張る心を磨いてくれた人に会うべきだと、心は力なく叫んでいた。
高校二年生の冬から大学に入学するまでボクはT先生の指導を仰ぐ。
ボクを一気に飛躍させてくれた人だ。

「先生に会いたい！」

グラウンドに立つと懐かしい先生の声が聞こえる。
先生はボクを見つけると少し驚き、その後、大人になったと喜んでくれた。
今、「楽しい毎日です！」って言ってしまえば何て楽なんだろう。
でも、今回は違った。**ボクの心はギリギリを予感し、答えを求めていた。**
赤裸々に語るべきだって感じた……。
だから状況をそのまま説明した。
素直と言うより開けっぴろげの垂れ流しだった。
「なぜかやる気になれないんです……」

ニコッと笑って、先生は……。

「ヤマザキ、褒められてるなっ？」

ドキッとした。

その当時のボクはまわりの人たちから非常に高く評価され、少しずつボクの名前を知っている人たちが業界内に増えはじめていたころだった。

先生は責める口調ではなく、ナレーションのように言葉を続けた。

「凄いと思われたいというヤマザキの器は満たされたんやなあ。凄いヤツになるための器に替えなあかんなあ」

とっても恥ずかしかった。見透かされている。先生は心の恥部《ちぶ》を見透かしている。

「ヤマザキにとっての陸上競技は何やったんや？　走るとは何やったんや？」

先生は優しくボクに問いかけた。

禅問答のようなものである。

ボクは答えを片っ端から探したが、冬なのにこめかみに汗が出た程度で着陸状態である。ただただ、自分を正しく見せたい気持ちと、弱った心の解決方法が近くにあるぞと感じる気持ちが交錯した。

しかし、翼が折れたことを隠す必要はなくなった。

今はただただ、新しい翼が欲しい。

先生は答えをくれた。

「走るとは芸術やろ？　美学の追究やろ？　**ヤマザキにとってその仕事が仕事やったら終わりがあるなあ。ヤマザキにとってその仕事が芸術になるなら、その仕事の美学を追究してみなさい。終わりはないよ**」

その瞬間、目の前の壁は崩れ、道は開けた。

それから、仕事はお金を手に入れるただの手段というだけではなくなった。

一つひとつの仕事の精度にこだわりはじめた。

今日、いい結果というだけではなく、確実に未来につながるようにこだわった。
ただ目標を達成するだけではなく、その達成の質や完成度にこだわりはじめた。

ただ沢山仕事をするのではなく、意図のある仕事、美しい仕事をするようになった気がする。

広島への帰り道……。

新幹線の中で窓に映り込んだ自分の顔を見て、少し嬉しかった。
ボクは仕事人から芸術家に変わりはじめていた。

夢・実現のヒント⑯

人生はアート作品だ。
この世を去る最後の一日まで、
魂を磨き上げ、
最後のひとノミまで
こだわろう。

第17の法則

人生という映画の主役を生きる

「やるしかない！」という気持ちは時間の中で劣化し、ややもすると「やらねばならぬ」に変化してしまう。

「やらねばならぬ」は「やらないことはいけません」という意味で、二重否定だ。それには屈折したエネルギーを感じる。「そうなりたい！」というストレートで屈託のないエネルギーに変えたとき、心はワクワクとしはじめる。

この二つは凄く似ているけど、全く違うエネルギーだ。

否定の否定、二重否定のエネルギーは道を狭め、閉じさせてしまうこともある。ストレートで屈託のないエネルギーこそ、夢を叶えるそれである。

動機が何であれ、頑張っていく過程においてエネルギーをワクワクのモードに変えていくことが大切だ。また、頑張っていく過程において「やらねばならぬ」になっていないか何度もチェックする必要がある。

「やらねばならぬ」に変質してしまっていたら、「達成したら何が喜び？」と問いかけ、自分の心を蘇生《そせい》させ、屈託のない素直でいきいきとしたエネルギーで目指すことが、夢を叶えるコツである。

Episode 17

さらなる自分に挑戦できるか

絵を意識的に描きはじめたのは二〇代の半ば過ぎてから。
主に海外へ行ったときの絵日記的作品だった。
捨ててしまうのはもったいないからと、スケッチブックに描きはじめた。
ハワイに行くときも、ヨーロッパに行くときも。
誰かに見せるために描くわけではなく、ただただ描いていた。
当時はクレヨンを好んで使っていた。
ただ単に、持ち運びが便利だからだ。

ラスベガスに行ったときだった。

たまたまボクのガイドをやってくれたFさんとの出会いが、その「出会い」となる。

「では、どこに行きましょうか？」とFさんが尋ねてくる。

「いやあ、ボク、ギャンブルしないですから、大丈夫です」

「じゃあ、アトラクションで絶叫マシン系がありますよ」

「うー、それも遠慮しておきます」

ボクは、「なんで怖いのにお金払わなければいけないんだ」派だ。それとマシンを心底、信じられない。

ボクは部屋に籠って絵を描いたり、本を読んだりで充分楽しかった。

でも、Fさんは、ずっとオフィスにいなくてはいけない。

自分だけ何もせず、ずっとオフィスにいるので肩身が狭いと言う。

「タクさん、どっか行きましょうよ、私だけ、サボってるように思われるんですよ。何も仕事してないように思われるから、行きましょう」

「ボク、いいです。部屋にいます」

「何やっているんですか、一体、部屋で」

「ボク、本読んだり、絵を描いたりしてるから、ぜんぜん大丈夫ですよ、楽しんでますから。夜だけ、エンターテインメントやショーに連れて行ってください」


そのときだった……。


「タクさん、絵、描くんですか？　だったら、今日の夜、イタリアンレストランのディナーの予定ですけど、そのとき持ってきてくださいよ。私、見たいです」

Fさんが興味津々の眼で言った。

「そうですか、人に見せたことないんですけど」とボクは消極的だったが、レストランに一応、スケッチブックを持っていった。

「いいですね。あっ、タクさん、ロサンゼルスで個展されない？」

「えっ、こ、個展？」ボクは、いきなりの提案に戸惑った。

「はい、いいんじゃないですか。やりましょうよ」

まるで、カラオケで歌ってたら、「あら、上手じゃない！　歌手になればっ！」「歌手？」みたいな話だった。

だけど、「絵の個展を海外で」はボクの心を打った。

ボクのやる気モードにスイッチが入ってしまった。

絵描き……心は躍る。だけど、一応謙遜《けんそん》のコトバを。

「できますかね？　こんなボクの絵で個展とかできますかね？」

今度は、ボクが興味津々でFさんに聞いた。

「いや、個展をやると決めたら、絵が変わりますよ」

このコトバに、ボクの心がズキンッと音を立てた。

Fさんはボクの人生という流れを変える詩人となった。

「え？　やると決めたら絵が変わる？　ボクの中に既に存在していて、ボクがやるって決めなかったら一生出てこないはずの絵が姿を見せてくれるってことですか？」

ボクの頭の中では、妄想《もうそう》が膨らんでいく。

「はい！　個展をやると決めると絵は変わります。やりましょう！　ロスで！」

「いや、やるならニューヨークでやります。ソーホーでやります」

その場の勢いと興奮で、ソーホーでやることになった。

日本へ帰って、クレヨンで描いた絵を額に入れてみようと思った。

「額ってどこで買うの？」が一番初めの疑問だった。

詳《くわ》しそうな友達に聞き、額を手に入れる。

絵を額に入れてみて、愕然《がくぜん》とした。

「こ、これじゃダメだ」

「いいか悪いかの前に、ボクが部屋に飾りたくない」

そんな代物《しろもの》だった。

でも、グズグズしている場合ではない。ワクワクした心はしおれたボクの体を奮い立たせ、「クレヨンのせいかな？　絵の具のほうがいいのかな？」とえらく前向きだ。

再び、画材屋さんに行った。

「すいませーん。絵の具、売ってください」

「どういう絵の具がご入り用ですか？」

「どんな絵の具があるんですか？」

「いやあ、油もありますし、アクリルもあるし、水彩もあるし……」

そんなことも知らないところからの「目指せ！　ニューヨーク！」だった。

「そのアクリルってカッコいいですね、見せてください」って眺めてみると、何かピンときた。

「これ、全部ください」って、その場で買った。

「ついでに、この筆もください」

「それ、油絵用です」みたいな相変わらずのレベル。

「いいか、絶対、ニューヨークで絵の個展やるって画材屋さんに言うなよ」と、マネージャーに口止めした。画材屋のオヤジさんが気絶しないように。

それから、紙も買って、準備万端。

さあ、そこからが、描けない。

全く、手が付かない。

怖くて。


「ああ、個展やるとか言っちゃったけど、描けない……」

絵の具なんて中学三年生以来、触ったことがなかった。

十数年ぶりだ。

「絵の具って、どうやって使うんだっけ?」

そもそも、その絵の具が部屋にあることだけで充分プレッシャーだった。

なぜか気楽に描いていた絵は恐怖へと変わった。


ある朝、目がパキッと覚めた。

「悩んでいる場合じゃない」と意識も醒めた。

とにかく描いてみた。

そして、描いた作品を眺めて気分が冷めた。


勇気を持って友達に見せる。

「いいんじゃない？　いいと思うよ！」というコトバをいただくが……。

ダメだってことをボクの心は知っていた。

迷いの渦《うず》に吸い込まれる……。

「絵って一体、何なの？」

「個展を開くって一体、何なの？」

ニューヨークに行って見てこようと決めた。

いろいろなギャラリーを一気に巡って、何かを掴みたかった。

描くことだけに迷っているのではない。

やりはじめるとわからないことが沢山あるってことがわかった。

額ってどこで作る？　マットって何？　どうやって飾るの？　誰が飾るの？

入り口にある作者の名前のシールって自分で作るの？　プロフィールのボードは？　絵には名前を決めたほうがいいの？

わからないことだらけの山に埋もれた。

「そういうのは、キュレーターが本来やるんだけどね」

友達からそんな情報を仕入れた。

「何？　それ」

「僕もよくわからないんだけど、そういうことは、キュレーターがやるらしいよ」

「なるほど……」

それで、ボクは、親友のNさんに声をかけた。

「ねえ、Nさん！　キュレーターやってくれない？」

「何なん、それ？」

「いやあ、あの……どうやって飾るかとか、額とか選んだりする仕事なんだけど、キュレーターって呼ぶらしいんだよね」

「俺にできるんだったら、やるけどさあ」とNさんは、結局、得体の知れないキュレーターという役を引き受けてくれた。

それから、生まれてくる仕事は全部、「これ、キュレーターの仕事じゃない？」ってどんどん振っていった。「マジかよ」とNさんは言いながらも、それらの仕事を片付けていってくれた。**持つべきものは最良の友だ！**

ギャラリー探しも、とにかく、大変だった。

「こういう絵を描いてるんですけど、ギャラリー貸していただけませんか」

絵を持って、ギャラリーをまわった。

「ああ、うちは、もうアーティストが決まっているから！」と冷たい。

「他に行きなっ！」

「それだったら、ブルックリンに行けばいいんじゃないの、君なんか」

それでブルックリンに行くと、ブルックリンのギャラリーは、その曜日は全部閉まっていたりした。

「すいません、お休みなのはわかりますけど、見てください」

「ああ、ダメダメもう決まってるからね」

重い足取りで、トボトボ歩いてるボクがいた。どこかで舞い上がって、「ニューヨークで個展、素敵！」と言ったばっかりに、こんな目に遭《あ》ってしまった。

「タク、凄いじゃん、絵、描いてたっけ」と人に言われ、ニューヨークで個展をやるんだって言ってしまった手前、引くに引けない。

「やばい、絵も描けてないし、ギャラリーも決まっていない。絵を持っていっても、ぜんぜん相手にされないし、ボク、完全に狼少年じゃん」

映画みたいに交差点で石の上に腰かけて落ち込んでいる人になった。

この物語の名場面でもある。

「こんなときは……こんなときは……もうそれがうまくいった自分の気持ちを先取

りして……例の魔法通りに……」と気持ちを奮い立たせて、諦めずにギャラリーをまわった。


だんだん、ソーホーでも顔見知りが増えてきた。

そんなボクのことが小さな噂になりはじめたころ、ギャラリーが決まった。

半分、見るに見かねてやらせてくれることになった。

ソーホーのベストポジションにあるビルの四階のギャラリーに決まる。


「ああ、ここでやるのか」――決まった瞬間、期待と、もう逃げられないっていうプレッシャーが同時にやってきた。

決まった瞬間からドンドン作品を生み出していった。

Nさんはギャラリーを採寸し、模型を作って、出来上がってきた絵の縮小コピーを作って、それを模型に飾って、試行錯誤してくださった。

そんなある日、『Ｐｅｎ』っていう雑誌がニューヨーク特集をやっていた。

その雑誌を見たとき、インスピレーションが湧いた。
同時にショックを受けた。
「このテンションの街に飾る絵は今のものじゃダメだ」と思った。
心の中の違う扉が開いて、ガーッと絵が出はじめたのだ。
迷って、一歩前に進み、収穫を得て、笑顔になる。
そして、ゴールまでの距離を測り、愕然とする。

夜中に脂汗をかいて起き、眠れなくなったりした。
ストレスで帯状疱疹《たいじょうほうしん》にもなった。
全て投げ出して、全部なかったことにしたい程だった。
「ダメだ、もう怖い」
追いつめられた。
こんな悩みが続いたら、ダメになってしまう人が世にいることをリアルに感じた。

あるとき、夜中に目が覚めた。眠れないのだ。

また、例の変な汗が出はじめる。

「まず心にある悩みを全部書き出してみよう」と思った。

即座に起きて、机に向かい、悩みを箇条書きにして紙に書き出した。

悩みが多過ぎて何が悩みかわからないという悩みが一番大きく、解決できない悩みだった。


一個一個の「悩み」は紙に書き出した時点で「問題点」へと変わっていく。


それら問題点の隣に解決法を書き込んだ。

この問題はあの人に聞かないとわからない。この問題は明後日になるまで解決法すら見つからない！　ので、明後日以降まで忘れる。この問題はNさんにお願いする……などなど。全部の問題点の難易度・重要度・解決法・期限を書き出したら、目の前が明るくなった。

「じゃあ、今できることは何？」

「そうだ絵を描くことだ！」

それで、夜中に絵を描いたりした。

そんなとき、ロサンゼルスに住んでいる建築家の友達が遊びに来てくれることになった。ニューヨークでの個展決定をもっとも喜んでくれた友達のひとりだ。

それまでのアトリエの来訪者はボクにとって勇気の源になってくれる人たちだった。

「いいねー！」褒めてもらえるとさらにやる気になった。

しかし、彼は別だった。

彼の目は鋭い。きっと「迷っているボク」を見破られちゃう。

「ああ、見られたくない」と素直に思った。

彼がやってくると、ボクは汗をかきながら弁解しはじめる。

「いやあ、イマイチ、ちょっと描けてないんだよ。もう全然ダメで。アハハあ！」

すると彼が……。

「このへん、いいんじゃないですか」

「えっ、マジ、マジ？」

「このへん、いいと思いますよ」

「いや、でも、正味の話、ボク、ノイローゼになるぐらい悩んでいるんだ。うまく描けなくて」

ボクは、すっかり自分をさらけ出していた。

彼はボクの目を見て言った。

「タクさん、それでいいんです。だって、ずうっと描いていくんでしょ。一生描いていくんでしょ。いいじゃないですか。この絵は一九九八年、タクが悩み、苦しんでいた時代の絵って呼ばれるんですよ」

「ああ。……続いていくんだ」

「そうですよ、これ、個展のために描いているわけじゃないでしょ。タクさんは、絵が描きたくて描いてる。その過程の中に個展がある、そのときに出す、そのときに出そうとして悩んでる。その悩んでたころの作品っていうことで、これらの作品に匂いが与えられるんですよ」

目の前の個展までという短い時間で物事を考え描いてたボクがいた。

そこにいきなり、ドカンと衝撃が走り、捉えている時間の軸が長くなって、壁がブレイクした。

「そうかあ！」と思ったら、また筆が走り出して、作品がどんどん生まれ出てきた。

山あり、谷ありの道すがら、いつだって「ごめんなさい。やめました！」と言える物理的な逃げ道だけは持っておこうって途中から思うようになった。

建築家の彼がくれたメッセージが、ある意味、心の逃げ道になった。

「ボクは一生、描いていくんだから」

最悪はリセットボタンを押すんだあ。

「すいません、やめます。ギャラリー代金、払います。個展、やめました」

そう思わないと、プレッシャーで潰《つぶ》されると思った。

描くことが違うことになっちゃうって思った。

それくらいやばかった。

やるって決めて走りはじめた。
いろいろ詳しく知っていたら、絶対に踏み込まなかったと思う。
ここでは書けない山ほどの「大変」があった。
でも結局、個展は開かれた。
当たって砕《くだ》けろだー。

当たって砕けた。そしたらソーホーが応えてくれた。
当日、四階まで来ていただくためにフライヤーをNさんの助言のもと、撒《ま》いた。
ボランティアスタッフの皆さんの手を借りてオレンジ色のチラシを撒いた。
四階の窓から街を眺めると、ストリートがヒラヒラのオレンジ色に染まった。
ギャラリーに来る人の波は途切れなかった。次々にいろんな人が来てくれた。

会期中、ギャラリーに人がいなかった時間は少しもなかった。

会場で心が動き、泣き崩れる黒人のオジサンがいたり……。

誰も近寄れないぐらいかっこいいドレッドヘアの男の子が来てくれたり……。

「この絵の意味は何なの？」と尋ねるセレブが来たり……。

「欲しいのにもう売れちゃっているじゃない。同じような絵を描いてくださるかしら？」と別注をくださる白人女性がいたり……。

全ては「個展をやると決めると絵が変わるわよ」のコトバからの始まりだった。


商談、交渉、打ち合わせ……何かと人と接する機会には些《いささ》かの緊張が伴うものだ。

ちょっと神経質になるときに、思い出す友達のひと言がある。

彼はアメリカ人の俳優A君。二〇代前半だけど、オフ・ブロードウェイで有名な『ブルーマン』のひとりを演じていたこともあるほどの、才能豊かなニューヨーカー。

彼は、友達のために、デパートの店員向けの難しい営業も手伝っていた。

そんな彼にボクはこう言った。

「凄いなあ、デパートの店員に営業なんか、難しいのに、若くてよくできるね」

「いやあ、僕、俳優だから。そういう役を今、映画の中でもらっていると思ったら、できますよ」

それがボクにはセンセーショナルなショックだった。

大きなヒントをもらったという興奮感があった。

そうか、そうなんだ。


何かを力ずくで頑張るんじゃなくて、その役に入ってしまう。

この人生という映画の中でその役をいただいたって感じてその場に挑《いど》む。

うまくいくストーリーの中で気持ちよく演じることができたら、凄い。

また違う角度で物事を見てみることができる。

世の中、全ての人が各々の配役を演じて生きているって捉えることもできる。

それも誰かから与えられたわけではなく、自分が好きかどうかにかかわらず、自

分がその役を選んでいる。

「大丈夫よ！　おまえだったらできる！」と誰かに声をかけられる。

「ホント？　そう思う？　じゃ、僕、やってみるね！」と答えることもできる。

「えー！　絶対、無理！　だって、今までも無理だったもん！」と答えることもできる。みんな自分で選んだ配役だ。

あなたの人生、どんな役で生きていきますか？

是非、あなたがワクワクする役を選んでみてください。

その物語は振り返ると一本のストーリーとなり、前を向くとどこへ続いているかわからない試行錯誤の連続ドラマなのだ。

今、目の前の困難も、その映画をドラマチックに展開するための演出なのだ。

あなたの人生という映画があるならば、道が開いた瞬間、それが名場面ということになっていく。

あなたがあなたの人生という映画の主役になったとき、道は開ける。

夢・実現のヒント⑰

ワクワクは誰もが持っている才能。いつでも、どれだけでも引き出すことができる才能。

おわりに

リリー・フランキーさんの『東京タワー〜オカンとボクと、時々、オトン〜』という小説を読んだとき、泣いた。心の芯が震えた。読み終わって晴れ晴れした気持ちになって元気になった。

そんなビジネス書があったらいいよねと、当時編集をしてくれた友達の磯尾君と盛り上がり、文章作りが始まった。

文章を書く仕事をする喜びはここにある。

学生時代、片岡義男さんの本を読んでは感動したものだ。『幸せは白いTシャツ』『湾岸道路』『マーマレードの朝』など。にわかに安価となったワープロをバイトで稼いだお金で買って、文筆家気取りで書いていたことがある。尾道に出かけたことや、倉敷に行った思い出を書いた。出来上がった文章を読んでがっかりした。面白くないのだ。そして筆を折ることになる。

しかし、月日が流れ今は執筆業が当たり前となり六〇冊ほどの本を書いてきた。

そんな沢山ある本の中でもこの本の原本となった『山崎拓巳の道は開ける』は、ボク自身の人生の思い出や学びが詰まった本だった。

その本にもう一度、精気を吹き込み直し、今回、皆様の目の前に届けることができました。


この「おわりに」の文章も、シドニーから日本に戻る飛行機の中で書いています。

パソコンを開くことでその場がオフィスに変わり、いつだって世界とつながることができる。テクノロジーの進化も目を見張るどころか、目を瞑っている間に手が届かないところまで進んでいく勢いです。


「これからどうなっていくんだろう」と危惧《きぐ》するより、僕たちがやるべきことは「こうなっちゃえばいいのに」と未来を素敵に明るく言い当てる預言者になることだと思います。

ワクワクする夢を目指し、外へ外へ活躍の場を拡大する。

事あるごとに心の動きを体感に置き換え、それを観察することで内なる世界を広げていく。

外へ外へ、内へ内へ。

社会的に活躍している人も、心の闇は深い。

目立たぬ人も偉人に劣らぬほどの幸せ、光を感じている。

世の中はチャラだ、と僕は思っているのです。

社会的に成功している人も、そうでない人も、

絶大なる人気を誇る人も、目立たず生きている人も、

結局、同じじゃないかと思っています。

成功はするもの？

幸せはなるもの？

成功は一〇〇%約束されていませんが、成長は一〇〇%約束されています。そして、成長の向こうに成功があることも一〇〇%約束されています。あなたが成長を望むのなら、意味ある人生を経験することになるでしょう。

成功は数値化することができますが、幸せはできません。幸せはなるものではなく、今、感じるチカラです。また、幸せは貢献によって手に入るものであることを既にあなたは知っていることでしょう。

これらは成功者がよく口にする言葉ではありますが、本当によく言い当てていて、ボクも深く共感します。

成長と貢献。

この二軸を人生の大切なものとして生きていきたいものです。

本書は2006年に発刊された『山﨑拓巳の道は開ける』、2011年に文庫化された『夢を叶える17の法則』(ともに大和書房)に大幅な加筆と修正を加え、復刊させたものです

【著者略歴】
山﨑拓巳（やまざき・たくみ）

1965年三重県生まれ。広島大学教育学部中退。事業家。ビジネスコーチ。「コミュニケーション」「モチベーションアップ」「お金の教養」などをテーマにしたセミナーや勉強会を全国各地で開催し、高い人気を誇っている。
経営者としてニューヨークにラーメン店「タクメン」を出店したり、アーティストとして国内外に絵画、映画出演、Tシャツ、バッグを出展するなど多方面で活躍中。

主な著作に『やる気のスイッチ！』『人生のプロジェクト』『気くばりのツボ』『なぜか感じがいい人の かわいい言い方』（サンクチュアリ出版）、『さりげなく人を動かす スゴイ！話し方』（かんき出版）などがある。

装幀・本文デザイン・イラスト：石濱美希
組版：野中賢、安田浩也（株式会社システムタンク）
校正協力：永森加寿子、株式会社BALZ
編集協力：小関珠緒
編集：田谷裕章／阿部由紀子

ちっちゃな自分、さようなら!
一生、自由に楽しむために身につけるべき17の知恵

初版1刷発行　●2023年 3 月22日

著　者　山﨑拓巳
発行者　小田実紀
発行所　株式会社Clover出版
〒101-0051　東京都千代田区神田神保町3丁目27番地8 三輪ビル5階
TEL 03-6910-0605
FAX 03-6910-0606
https://cloverpub.jp
印刷所　日経印刷株式会社

ISBN978-4-86734-135-3 C0030